KB190530

많은 사람들이 실용주의의 강단에서 예배를 드리고 있는 이 시대에, 교회는 교회의 본질과 목적에 있어서 성경의 관점이 매우 필요한 상태에 있다. 목사 제프리 존슨은 교회론에 있어 개혁이 필요한 세대에게 간결하고 진지하며 괄목할 만한 메세지를 제시한다. 존슨은 오늘날 우리가 직면하는 문제들을 지적하고, 역사적/신학적 문맥 안에서 그 문제들의 뿌리를 파헤친다. 제프리는 성경의 깊고 지속적인 진리가 모든 시대에 예수 그리스도의 신부를 존재하게 하는 데 충분함을 우리에게 상기시킨다.

보디 바우컴 Voddie Baucham Jr.
그레이스 패밀리Grace Family 침례 교회의 설교 목사
"패밀리 쉐퍼드Family Shepherds"의 저자

옛 가구를 손질하는 목수와 같이, 제프리 존슨은 교회에 대한 우리의 관점을 성경의 간략한 진술로 회복시키기 위해 사람의 전통과 처세술에 강한 철학으로 겹겹이 쌓인 층을 벗겨낸다. 이 책에서 교회는 밝게 빛난다! 존슨은 침례교 관점에서 교회의 목적, 예배, 회중됨, 그리고 리더십에 대한 기본적인 가르침을 제시한다. 특히 개혁주의 기독교인으로서 나는 그가 교회의 거룩과, 하나님의 거룩한 말씀으로 규정되고 하나님의 거룩한 임재 안에 드려지는 교회의 예배를 강조한다는 사실을 특별히 가치 있게 생각한다.

조엘 비키 Joel R. Beeke
퓨리탄 리폼드Puritan Reformed 신학 대학교의 총장

제프리 존슨의 새 책의 추천서를 쓰게 되어 기쁘다. 각 침례교회의 각 지체(심지어 다른 교단의 교인도)가 읽고 그들의 교회들과 삶에 적용해야 할 책이 여기 있다. 이 책은 매우 간결하고 직접적이어서, 특별히 우리 시대에 적용하기 쉬운 책이고 필요한 책이다. 이 책은 성경에 따라, 교회가 무엇인지 그리고 교회가 마땅히 해야 하는 일과 하지 말아야 하는 일에 관한 거의 모든 측면들을 다루고 있다.

리처드 벨처 Richard P. Belcher Sr.
"저니 인 그레이스A Journey in Grace" 외 여러 책의 저자

제프리 존슨은 교회를 주제로 책을 썼다. 이 책은 단숨에 읽을 수 있을 만큼 간결하고, 이해하기에 쉽다. 그리고 이 책은 그리스도의 교회의 지체들로서 우리 대부분이 예수 그리스도께서 의도하신 대로 예수님을 따르도록 도와주는 데 아주 유익하다. 왜 이 책을 읽지 않는가?

마크 데버 Mark Dever
캐피톨 힐(Capitol Hill) 침례 교회의 목사, 나인 막스9 Marks의 대표

제프리 존슨은 '교회가 무엇인가'에 대한 전반적인 관점을 어수선하거나 모호하지 않게 제시한다. 이해하기 쉽고 간략한 장들 안에, 교회생활의 본질과 실천들이 초신자들 조차도 쉽게 이해할 수 있도록 설명되어 있다. 그는 자신의 표현에 있어서 변화를 시도하지 않고 성경에 충실하려 했다. 처음 교회생활을 하는 사람들 그리고 명

확하고 알기 쉬운 설명이 필요한 사람들과 이 책을 함께 읽을 수 있는 것이 이 책의 쓰임 가운데 하나이다.

짐 엘리프 Jim Elliff

크리스천 커뮤니케이터 월드와이드Christian Communicators Worldwide

제프리 존슨은 매일 최전선에서 한 목사로 사역하면서 글을 썼다. 제프리 존슨은 현대의 유행하는 예배 의식들에 대담하게 직면하고 질문을 던지고, 하나님의 경이로운 거룩함의 정점에 이르도록 우리의 예배를 개혁할 것을 촉구하며, 우리의 모임에 있어서 기도와 설교를 성경이 정한 탁월함에까지 회복할 것을 권한다. 나는 특별히 이 책을 훗날 한 교회를 이끌 수도 있는 젊은 목사들과 신학생들에게 추천한다.

댄 루커리니 Dan Lucarini

베스트 셀러 '내가 CCM 운동을 떠난 이유Why I Left CCM'의 저자

오늘날 복음주의 기독교 세계에서 흐르고 있는, 실제로 일어나고 있는 각 문제는 어떤 식으로든지 교회에 대한 오해에 뿌리를 둔다. 교회의 참된 사명은 무엇인가? 갈수록 더한 세속문화 속에서 교회의 역할은 무엇인가? 교회의 우선사항들은 무엇이 되어야 하는가? 지역 교회는 어떤 역할을 해야 마땅한가? 왜 교회 회중이 필요한가? 또는 교회 회중됨이 필요한가? 진정한 연합의 기반은 무엇인가? 이 탁월한 책은 이러한 질문들과 많은 다른 질문들에 성경의 명

확한 빛을 비춘다. 그리스도께서 교회를 위해 죽기까지 교회를 사랑하셨기에 모든 성도는 바로 그 열정을 공유해야 마땅하다. 제프리 존슨은 분명히 그러하고, 이 책을 읽고 있는 여러분들 역시 그의 열정에 전염될 것이라고 믿는다.

존 맥아더 John MacArthur

캘리포니아 선 밸리의 그레이스 커뮤니티Grace Community 교회의 목사

마스터스 신학교The Master's College and Seminary의 총장

제프리 존슨의 이 책은 예수 그리스도의 교회에 대한 애정 어리고 숭고한 관점을 가지고 있다. 그러나 이 책은 또한 교회의 머리의 거룩한 요구 사항들 아래, 타락한 세상에서 살아가야만 하는 성도들의 긴장감들과 불완전한 것들을 알고 있다. 이 책은 여러분들이 교회생활과 그 의무들과 유익들을 이해하도록 도울 것이며, 여러분의 남은 세월을 하나님의 백성들을 섬기고 강하게 하는 데 내어 주도록 용기를 북돋아 줄 것이다.

제프 토마스 Geoff Thomas

웨일즈 애버리스트위스의 알프레드 플레이스Alfred Place 침례교회 목사

다시 새롭게 하고 힘을 주는 간략한 말로, 제프리 존슨은 우리에게 그리스도의 교회의 본질과 교회생활과 관련한 성경의 원리들을 강하고 간결하게 설명한다. 이는 유용한 서론이 되기에 충분히 간결할 뿐 아니라, 신중한 생각을 이끌어 내고 진심 어린 실천을 촉구하

기에 충분히 깊다. 이 짧은 책은 하나님의 가족에 대한 피상적이고 무심하며 미지근한 태도들에 좋은 해독제이자, 살아계신 하나님의 백성들이 살아계신 하나님의 임재 안에서 자신들의 거룩한 목적들을 실현해 가야 한다는 수준 높은 개념을 합리적으로 정립한다.

제레미 워커 Jeremy Walker

잉글랜드 크롤리의 메이든바우어Maidenbower 침례 교회의 목사

"포트레이트 오브 폴A Portrait of Paul"의 공동 저자

오늘날 교회 회중됨의 개념은 성경에 입각하여서 한 번도 도전받거나 고려된 적이 없는 전제이다. 또한 새롭게 시작하는 교회에 의해 버림받은 이 회중의 개념은 지금 교회들과 그리스도인들에게 무관하고 과거의 쓸모없는 유물에서 출발한다. 우리는 이러한 쟁점을 성경의 관점으로 짚어주며 오늘날의 그리스도인들에게 지역 교회의 의미 있는 회중됨의 중요성을 증명해 주는 제프리 존슨과 같은 목사가 있음에 감사해야 한다.

도날드 휘트니 Don Whitney

남침례신학대학원Southern Baptist Theological Seminary

교회가 귀찮아!

제5열람실은 '교회를 위한 신학을 공부하는 곳'이라는 의미를 지닌 침례신
학대학교 독서 동아리였습니다. 이제는 교회에서 출판사 제5열람실로 다
시 이 소망을 이어갑니다. 제5열람실은 종교개혁의 유산, 침례교가 가지고
있는 개혁신학과 신앙을 한국교회에 소개하고자 책을 만들어 내고 있습니
다. 우리가 펴낸 모든 책이 교회를 바로 세우는 기틀이 되기를 바랍니다.

'교회란 무엇인가'에 대한 분명한 가르침

교회가 귀찮아!

THE CHURCH
Why Bother?

제프리 존슨 지음 | 김소영 옮김

제5열람실

이 책이 결실을 맺을 수 있도록 수고를 아끼지 않은
나은총 자매, 박나리 자매, 박창대 형제, 이윤옥 자매,
정아라 자매에게 감사드립니다.

이 책은 노은하나교회 성도들과 회중의 기도와 출판사 제5열람실을
물질로 후원해 주시고 기도해주시는 분들 덕분에 만들어졌습니다.
감사드립니다.

목차

THE CHURCH
Why Bother?

서문

지금은 하나님의 교회의 안과 밖 모두 무법하고 부도덕한 시대이다. 물론, 우리는 살아가면서 훈련, 제재 또는 안내를 전혀 원하지 않는 세상 사람들을 이해할 수 있다. 그러나 이것은 또한 오늘날 많은 교회들이 잘 보여주는 모습들이다. 교회의 지체로 살아가기 위한 그 어떤 훈련, 그 어떤 제재들이나 그 어떤 책임도 없다. 그러나 우리가 성경을 읽으면, 이렇게 생각하고 있는 것이 성경에 맞지 않고 신앙이 없다는 이해에 이르게 된다. 사실이지 않은가? 그리고 대부분의 침례교회들이, 회중에 몸담고 있는 교회도 출석조차 하지 않는 다수의 지체들을 가지고 있지만, 단 한 사람도 그들에게 책임을 묻지 않는다. 이 원인이 영성의 부족 때문인가? 교회들의 회중의 대부분이 성경적 교회가 마땅히 어떤 모습이어야 하는지, 또는 주님과 교회에 대해 한 교회의 지체로서 책임감이 무엇인지 몰라도 되는가?

그래서 나는 이러한 무지에 매우 분명하고 성경적인 방식으로 직면한 제프리 존슨의 새 책의 추천서를 쓰게 되어 기쁘다. 각 침례교회의 각 지체가 (그리고 다른 교단의 교인들까지도) 읽고 그들의 교회와 삶에 적용할 필요가 있는 책이 여기 있다. 이 책은 매우 간결하고 직설적이어서, 특별히 매일 우리의 삶에 적용하기 쉽고 필수적이다. 이 책은 성경을 따라 교회가 무엇인지, 그리고 교회가 마땅히 해야 하는 것과 해서는 안 되는 것에 대한 거의 모든 점들을 포함한다. 이 책은 개개인의 목사들 또는 그리스도인들이 교회에 대한 의무를 배우기 위해 사용될 수 있고 교회를 깨우치기 위한 일련의 설교의 기반이 될 수 있으며 또 주일학교 교재나 개인 성경 공부의 교재로도 쓰일 수 있다.

만약 여러분들이 이미 이러한 책들을 가지고 있다고 말한다면, 나는 나도 역시 그렇다고 말할 것이다. 하지만 모든 시대는 다른 것 같이, 시간이 갈수록 우리 교회들은 성경의 진리와 더욱더 멀어지는 듯 보이고, 교회의 목회와 교회생활에 있어 비성경적인 최신의 방법과 개념들을 사용하는 쪽으로 더욱더 기울어진 것처럼 보인다. 여기에 우리가 살고 있는 현대 그리고 오늘날의 교회들과 교회들의 약함을 다루는 책이 있다. 그리고 저자는 성경에 따라 우리 주 예수 그리스도의 교회가 이 시대에 어떠해야 하는지에 대해 성경의 진리를 두려움 없이 제시한다!

리처드 벨처Dr. Richard P. Belcher Sr.

감사의 글

목회는 어렵다! 또한 목회는 보람이 있고 모든 소명들 중 가장 큰 특권이 주어진다. 만주의 주를 섬기는 것, 하나님의 영광스러운 말씀을 설교하는 것, 하나님의 귀한 성도들에게 말씀 사역을 하는 것은 비할 수 없는 특권이다. 그렇지만 목회의 소명에는 매우 크고 무거운 책임들이 따라온다. 매주 설교준비의 부담, 성도들을 위한 끊임없는 도고기도, 상담, 결혼식과 장례식의 집례는 목사가 떠맡고 있는 책임들이다. 하지만, 그 어려움은 훨씬 더 깊다. 마음을 쏟아부어야 하고 여러 실망들과 낙심들에 약해지게 된다. 알고 있는 목회에 대한 화려함은 머지않아 전장의 참호들에서 겪는 고통으로 인해 흐르는 땀과 눈물로 바뀐다. 목사의 수고로 맺힌 영적인 열매의 대부분은 보통 눈에 보이지 않는다. 반면, 목사의 단점들과 교회의 연약함들은 모든 이에게 뚜렷하게 보인다. 모든 선한 목사는 여러 경우들에 있어서 그만두고 텐트를 만드는 일에 집중하고 싶은 유혹에 빠진다.

낙담의 시간들 속에서, 목사는 외적 성공이 요구되는 것이 아니라 *신실함*이 요구되는 것이라는 사실을 다시 떠올린다. 모든 역경들과 낙담들의 밑바닥에는 하나님의 지속적인 은혜가 있다. 신실한 목사의 커튼 뒤에는 성도들의 기도가 있다. 교회가 승리를 거머쥔 것 같이 행진하며, 교회의 영적인 적들을 대적하는 전쟁을 벌일 때 이 기도는 사역자의 두 팔을 떠받치는 기도이다.

목사를 위한 또 다른 큰 격려와 힘은 다른 사역자들과 목사들과의 우정이다. 하나님께서는 나에게 말씀사역을 하는 많은 친구들을 복으로 주셨다. 나의 아버지 돈 존슨도 그들 중 한 명이다. 지역 교회를 향한 나의 사랑은 어느 정도 아버지의 목회 아래에서 성장하면서 생겨났다. 이를테면, 나는 아버지께서 은밀히 그의 양들을 위해 매일 매일 기도에 진정으로 마음을 쏟는 것을 두 눈으로 볼 수 있었다. 신학대학원의 그 어떤 수업도 하나님의 사람들을 돌보는 데 필요한 사랑과 신실함의 깊이에 대해, 내가 아버지의 목회의 본을 보며 배운 것만큼 가르치지 못하였다. 오직 하나님만이, 신실한 목사이고 복음을 타협하지 않고 효력 있게 설교한 설교자인 나의 아버지의 영적 영향을 내가 얼마나 많이 받았는지를 아신다.

내가 좋은 친구와 좋은 목사의 자질에 대해서 생각할 때, 나의 친구 제프 플레어Jeff Plair가 딱 떠오른다. 제프는 본이 되는 남편, 아버지, 목사이자 친구이다. 그는 목회의 어려움들과 주 예수의 종이 되는 복을 직접 체험하였다. 나는 제프에게 큰 빚을 지고 있다. 그와의 우정은 나의 삶, 목회, 특별히 이 책에 큰 영향을 주었다. 그는 말과 행동 모두에서 신실한 격려자로 내 곁에 있다. 그의 우정, 지혜, 격려, 그리고 이 책을 검토하고 편집하고 증보하기 위해 쏟아준 시간에 감사한다. 너는 그 무엇과도 바꿀 수 없는 친구이다!

나는 또한 나의 친구 키이스 스루프Keith Throop(일리노이주 블루밍턴의 임마누엘 침례교회 목사), 리차드 바르셀로스Richard Barcellos(캘리포니아주 팜데일의 그레이스 리폼드 침례교회 목사), 그리고 이 책의 교정에 도움을 준 엘리자베스 맥콜Elizabeth McCall, 그렉 프티Greg Petit, 그리고 테일러 월스Taylor Walls에게 감사한다. 나는 하나님께서 내게 친절을 베푼 이들에게 복을 주시기를 기도한다.

마지막으로, 나는 나의 교회 형제, 자매들에게 감사를 전하고 싶다. 아칸소주 콘웨이의 그레이스 바이블 교회의 성도들은 기도할 때 한 번도 빼놓지 않고 내 이름을 주님께 올려드렸고, 지난 12년간 계속 그들의 사랑에 푹 빠져 있게 해 주었다. 여러분들의 목사가 된 것이 참된 복이다. 나는 크나큰 사랑과 애정을 담아 이 책을 여러분들께 기꺼이 바친다. 하나님께서 우리의 교회에 자신의 은혜를 지속적으로 부어주시기를, 그리고 주 예수 그리스도에 대한 계시를 더 풍성하게 알도록 우리를 인도해 주시길 기도한다.

역자 서문

"THE CHURCH: Why Bother?" 이라는 책을 처음 접하고 번역을 시작했을 때, 저자가 제시하는 '교회란 무엇인가'에 대한 분명한 가르침이 한국 교회에 전해질 수 있다는 것에 대한 기쁨을 느꼈습니다. 저자는 교회의 본질과 목적, 권위와 의무 등과 같은 기본적이며 필수적인 가르침들을 간결하며 이해하기 쉽게 설명합니다. 또한 비성경적인 방향으로 빠르게 변화하는 세속적인 문화 속에서 교회는 어떠한 역할을 해야 하며 어떠한 기능을 해야 하는지, 또한 교회는 어떠한 우선순위를 가져야 하며 교회의 참된 사명은 무엇인지에 대한 성경적인 관점을 명확하게 내어놓습니다.

제가 이 책이 한국에 소개됨에 기쁨을 느꼈던 가장 큰 이유는 저자의 교회의 멤버십과 교회의 권징에 대한 가르침 때문입니다. 저자는 오늘날의 교회의 멤버십과 영적인 연합을 설명하며 그 중대성과 필요성에 대하여 이야기 합니다. 저자는 모든 그리스도인들이 서로의 더 큰 영적인 성장을 돕기 위한 목적으로 그리스도의 몸에 접붙여져 가며 상호 의존적인 방식으로 자라간다고 말합니다. 이러한 교회의 멤버십의 책임과 특권은 교회의 일원으로 살아가는 독자들에게 거듭 강조되어도 지나치지 않으며, 저자가 언급한 교회의 멤버십을 얻기 위하여 명백하게 증명되어야 하는 믿음의 고백과 믿음의 고백에 합당한 삶 역시 재차 강조되어야 합니다. 또한 저자는 교회의 권징의 중요성에 대해 엄중하게 언급하며, 성경적인 근거와 함께 교회의 권징의 본질과 절차, 목적과 권위에 대하여 설명합니다. 교회의 멤버십과 교회의 권징이라는 개념을 한번도 고려해보지 않은 한국의 그리스도인들에게 꼭 필요한 가르침이라고 생각합니다.

저 역시 이 책을 번역하며 저의 교회를 돌아보았고, 동시에 교회를 섬기고 있는 저의 모습을 돌아보았습니다. 그리스도인으로서, 교회의 일원으로서 살아가시는 모든 분들께 이 책이 보탬이 될 수 있기를 바랍니다.

김소영

들어가는 말

구원에 대한 교회의 관점은 실천에 아주 중요한 영향을 준다. 구원론(구원교리)과 교회론(교회교리)은 실천에 있어서 결코 분리되지 않는다. 우리가 하나님, 구원, 사람에 대해 믿는 모든 내용이 결과적으로 우리가 교회를 운영하는 방식에 영향을 줄 것이다. 하나님을 높이는 관점과 사람을 낮추는 관점, 또는 사람을 높이는 관점과 하나님을 낮추는 관점을 갖는 것은 교회가 하나님 중심인지 사람 중심인지를 결정할 것이다. 결국, 교회가 하나님, 사람, 구원을 바라보는 관점이 교회가 기쁘게 하고자 하는 대상을 결정할 것이다.

현실적인 관점에서 이야기하자면, 복음주의 개신교 안에

는 구원에 대한 두 가지 관점, 즉 '안일한 믿음주의'와 '주재권 구원'이 존재한다.

안일한 믿음주의

안일한 믿음주의는 구원에 대해 가장 널리 받아들여지고 있는 관점이고, 교회들 대부분이 이 방식을 따라 행하고 있다는 것은 드러나 있다. **안일한 믿음주의**란 무엇인가? **안일한 믿음주의**는 하나님을 낮게 보고 사람을 높게 보는 관점으로부터 오는, 구원을 희석시키는 관점이다. 이 관점은 회개가 구원을 위해 필수가 아니고, 하나님께서 요구하시는 모든 것은 '예수님을 여러분의 마음에 받아들이는' 간단한 결정뿐이라는 것이다. 죄인들은 그들 자신 안에 이 결정을 할 수 있는 능력이 있다. 그리고 그들이 필요로 하는 전부는 다른 대안과 비교해 볼 때 천국의 이점들을 보여줄 수 있는 좋은 설교가일 뿐이다.

하나님을 낮게 보는 관점을 가지고 보면, 하나님께서는 예배당 앞에 나와 목사의 말들을 반복해서 하는 간단한 기도

이외에 그 어떤 것도 우리에게 더 요구하지 않으신다. 기껏해야, 설교자는 마지막 순간에 우리가 '마음'으로 죄인의 기도를 반복해서 드려야 할 필요가 있다는 사실을 우리에게 상기시켜 줄 뿐이다.

죄인들에게 단순한 기도 외에는 그 어떤 것도 더 요구할 필요가 없다. 예를 들면, 주님께서 젊은 부자 관리를 다루시는 방식 즉, 가진 모든 재물을 나누어 줌으로써 그의 우상(그의 참 신)을 저버리라고 말씀하시는 방식은 많은 개종자들을 만들어내기 쉬운 복음주의방식은 아니다.

구원을 낮게 보는 이 견해를 가지고 보면, 우리가 천국에 들어가기 위해 어떤 큰 희생들을 치를 필요가 없다. 우리는 예수님을 따르기 위해 우리의 생명을 포함해 전부를 내려놓을 필요가 없다. 우리는 구원을 받을 수 있고 이전과 같이 우리의 삶을 계속해서 살 수 있다. 우리가 천국에 들어가기 위해 해야 하는 전부는 우리의 삶에 '예수님'을 추가하는 것뿐이다. 보라 얼마나 구원 받기 쉬운가? 지옥에서 벗어나, 우리의 삶을 다스릴 수 있는 상태에 머물러라. 그리고 "나는 마음으로 예수님을 받아들인다"라는 진심어린 몇 마디 기도로 천국행 표를 얻으라. 복음주의의 이러한 방법 아래서, 부유한 젊은 관리는 실망할 필요도 없을 것이다. 구주를 영접할 수도 있고 자신의 부도 역시 가질 수 있기 때문이다.

*안일한 믿음주의*는 '세속적 기독교'라고 알려진 또 다른 위험한 교리로 이끈다. 구원이 자기부인과 주님이신 예수님께 굴복하는 것을 요구하지 않기 때문에, 죄인의 기도를 반복하는 모든 사람들은 그들이 어떤 삶을 사는지에 관계없이 반드시 구원받는다. 이러한 망상으로 인해, 주정뱅이들과 간음한 자들과 우상숭배자들은 자신들이 어릴 적 했던 기도 덕분에 자신들의 장례식장에서 천국에 들어갔다는 설교를 듣게 된다. 그리스도인이 되기 위해 하나님을 사랑하고 하나님의 사람(교회)들을 사랑하는 것은 선택적이다. 교회에는 죄인의 기도를 암송해왔던 사람들로 가득하다. 그래서 교회를 다니는 사람들 대부분은 진정한 그리스도인으로 여겨진다.

구원을 낮게 보는 이 관점을 가지고 보면, 왜 많은 교회들이 사업을 운영하는 방식으로 교회를 운영하는가를 이해하기 쉽다. 교회는 가능한 한 급속도로 성장하기를 원하고, 회심하지 않은 자는 가능한 한 값싸게 깨끗한 양심을 얻기를 원한다. 그래서 교회는 적당한 가격으로 구할 수 있는 구원을 손님들에게 제공하는 방식으로 기꺼이 복음을 팔아버린다. 중요한 것은 가능한 모든 수단을 써서 사람들이 교회의 문턱을 넘어오게 하는 것이고, 그 후에 그들로 하여금 '구원을 받게' 하는 것이다. 그 후에, 이러한 사람들이 교회에 계속 돌아오게 하기 위해, 교회는 반드시 사람들이 원하는 모든 것을 계속해서 주어야 한다. 그들이 원하는 것은 성경의 아주 작은 진리로 얻어진 매끈한 양심과 약간의 양심의 가책, 그리고 아주 많은 오락거리들이다.

고객 중심 교회는, 주님께 영생을 *구했지만* 안타깝게도 근심하며 돌아갔던 젊은 부자 관리와 같은 대부분의 사람들을 매료시키고 만족시키는 방법을 알고자 한다. 교회는 어떻게 이러한 *구도자들*을 실망시키지 않을 수 있을까? *구도자들*에게 민감하게 반응하기 위한 시도로, 교회는 말씀에서 떠나 광고 회사와 상담을 하고 세상의 사업 전략을 쫓아가는 방향을 택하는 쪽으로 돌아서 왔다. 교회는 결과가 수단을 정당화하는 *실용주의*로 돌아섰다. 그 후에, 교회는 급속한 성장과 전례 없는 출석률로 인해 주님의 복이 그 노력의 결과들에 임했다고 만족을 느낀다.

이 사업적 접근으로 보면, 도덕주의 치료 이신론moralistic therapeutic deism이 교회들을 장악하고 있다. 교회는 영과 진리로 하나님을 예배하는 성도들의 모임에서 그들에게 *지금 최고의 삶*을 경험하게 해주는 긍정적 상태를 유지하는 방법과 옳은 일을 행하는 방식에 대해 매주 동기부여 연설을 듣는 명목상 그리스도인들의 사교모임으로 전환되고 있다. 하나님의 영광 또는 개인의 거룩은 교회의 활동들과 역할들의 동력이 아니다. 교회를 운영하는 원동력은 그리스도의 주권에 완전히 굴복하지 않는 삶을 사는 사람들을 행복한 상태로 두기를 바라는 욕망이다.

결국, 하나님을 낮게 보는 관점과 사람을 높게 보는 관점은 안일한 믿음주의와 사람 중심 교회로 이어진다. 즉, 고객 중심 사업과 같이 운영되는 교회로 이어진다.

주재권 구원

하나님을 높게 보는 관점과 사람을 낮게 보는 관점을 가진 교회들은 구원에 대해 다른 견해를 갖고 있기에, 교회의 목적과 역할들에 대해서도 다른 견해를 가지고 있다.

하나님을 높게 보는 관점과 사람을 낮게 보는 관점은 교회가 구원을 바라보는 방식에 영향을 미친다. 주로 사람을 위하지 않고, 하나님의 영광을 위한다. 이 문제는 죄인들이 지옥 가는 것이 문제가 아니라 죄인들이 자신들의 삶에서 주님을 영광스럽게 하지 못하는 것이 문제이다. 이 문제는 양심의 가책처럼 들릴 수 있지만, 이는 궁극적으로 교회가 사람 중심인지 하나님 중심인지를 결정한다.

만약 구원이 궁극적으로 하나님의 영광을 위한 것이라면, 구원은 단지 천국에 가는 공짜표를 얻는 것쯤으로 여겨져서는 안 된다. 오히려 구원은 죄인들을 그들의 죄, 즉 죄의 권세와 형벌 모두에서 건져내는 것이다. 이것이 예수 그리스도께서 하나님의 사람들을 그들의 죄에서 구원하시기 위해 이 땅에 오신 바로 그 이유이다(마태복음 1장 21절). 죄와 죄의 원인(부패)은 사람의 가장 큰 문제이다. 죄는 사람들이 지옥에 떨어지고 하나님의 진노 아래에 있게 되는 첫 원인이다. 죄는 무엇인가? 죄는 하나님의 영광에 이르지 못하는 모든 생각이나 행동이다(로마서 3장 23절). 그래서 구원은 하나님의 영광을 하나님에게서 가로채는 바로 이 죄에서 사람들을 구원하는 것이다.

구원은 칭의로 죄책으로부터 우리를 건져내고, 중생과 성화로 죄의 권세로부터 우리를 건져낸다. 구원을 받은 사람들은 천국에 들어간다. 이는 오직 죄책과 죄의 권세에서 구원을 받았기 때문이다.

더 중요한 의미에서 보면, 구원은 예수 그리스도를 통하여 하나님과 죄인들을 화해하게 한다. 죄는 하나님으로부터 우리를 분리시켰다. 하나님의 흠 없는 어린 양, 예수 그리스도만이 아버지께 나아갈 수 있는 유일한 길이다(요한복음 14장 6절).

만약 그리스도께서 자신의 백성들을 죄책과 죄의 권세로부터 구원하시고 하나님과 화해에 이르도록 하기 위해 오셨다면, 구원은 오직 죄에서 자유를 얻기를 원하며 하나님과 인격적 관계를 맺기 원하는 사람들에게만 합당하다. 그러므로 회개가 없다면, 구원은 없다. 부유한 젊은 관리가 자신의 부에 매달려 있었던 것처럼, 그리스도보다 다른 것을 더 사

교회가 귀찮아!

랑하는 죄에 매달려 있는 것은 그리스도께 반하는 반역의 행동이다. 우리가 반역의 상태에 머물러 있는 동안에, 우리는 회개하지 못한 상태로 있는 것이다. 회개가 회개하지 않는 동안에, 우리는 하나님과 화해하지 않으려고 애쓰고 있는 것이다.

이것이 예수님께서 "나는 의인을 부르러 온 것이 아니요" 회개한 "죄인을 부르러 왔노라"(마태복음 9장 13절)라고 말씀하신 까닭이다. 예수님께서는 또한, "누구든지 나를 따라오려거든 자기를 부인하고 자기 십자가를 지고 나를 따를 것이니라"(마태복음 16장 24절) 그리고 "이와 같이 너희 중의 누구든지 자기의 모든 소유를 버리지 아니하면 능히 내 제자가 되지 못하리라"(누가복음 14장 33절)라고 말씀하셨다.

주재권 구원을 반대하는 논거는, 구원을 예수 그리스도를 믿는 *믿음* 그 이상의 것을 의지하는 것처럼 보이게 만든다는 것이다. 만약 우리가 반드시 주님이신 그리스도께 순종해야 한다고 할 경우에, 이 말은, 구원은 순종이 더해진 *믿음*으로 인한 것이라는 뜻이다. 이는 일리가 없고, 그들이 이렇게 생각하는 것은 구원은 *오직 믿음*으로 인한 것이기 때문이다.

구원을 위해 그리스도께 대한 순종을 요구하는 것은 믿음에 더해진 어떤 것을 요구하는 것이다. 믿음은 *믿는 것이다.* 그리고 구원을 위해 필요한 모든 것은, 우리가 예수님의 살아 계심과 우리의 죄들을 위해 십자가에 달려 죽으셨음을 믿는 것이다. 구원은 이렇게 간단하다고 여겨진다. 우리는 사람들로 하여금 먼저 예수님께서 그들의 구주이신 사실을 고백하게 하고, 그 후에 그들이 주님이신 예수님께 순종하게 하도록 애쓸 수 있다. 이렇게 논리가 흘러간다.

구원은 오직 *믿음으로* 말미암다. 그러나 구원은 자신들이 잃어버린 자라는 사실을 아는 사람들만을 위한 것이다. 예수님께서는 "인자가 온 것은 잃어버린 자를 찾아 구원하려 함이니라"(누가복음 19장 10절), 그리고 "건강한 자에게는 의사가 쓸 데 없고 병든 자에게라야 쓸 데 있느니라… 나는 의인을 부르러 온 것이 아니요 죄인을 부르러 왔노라 하시니라"(마태복음 9장 12-13절)고 말씀하셨다. 사람에게 가장 필요한 것은 자신에게 필요한 것이 있다는 사실을 아는 것이다.

다시 말해서, 만약 우리가 우리 자신이 죄인이라는 사실을 인지하지 못한다면, 분명히 우리는 우리에게 구원자가 필

교회가 귀찮아!

요한 상태에 있다는 사실을 깨닫지 못할 것이다. 만약 구원이 다름 아닌 천국에 들어가는 표를 얻는 것으로 여겨진다면, 구원을 얻기 위해 우리에게 필요한 전부는 지옥의 불길을 피하고자 하는 소망뿐이다. 그러나 만약 구원이 죄로부터의 해방과 자유 그리고 예수 그리스도를 통한 하나님과 화해라고 여겨진다면, 우리는 먼저 우리가 죄인임을 자각하고, 그 후에 죄로부터 해방되고자 하는 소망을 갖는 것이 필수이다. 만약 반역의 행동들에 대한 뉘우침이 없다면, 우리는 그것들로부터 구원을 받는 것도 원하지 않는다. 만약 우리가 용서와 죄의 권세로부터의 자유를 원하지 않는다면 (모든 것, 심지어 우리의 삶까지도 기꺼이 저버릴 의지에 의해 증명되듯이), 우리는 예수 그리스도께서 복음으로 주신 구원 (또는 적어도 구원과 같은 것)을 진정으로 원하지 않을 것이다.

우리가 하나님 앞에서 죄의 책임이 있는 자라는 사실을 자각한 후에 우리가 해야만 하는 일은 무엇인가? 하나님께 반하는 죄를 짓고 괴로워하며 후회할 때 우리는 무엇을 해야만 할까? 우리에게 그리스도가 필요하다는 것을 인정하고 그리스도를 따르고자 할 때 우리는 무엇을 해야만 할까? 만약 우리가 우리의 죄들로부터 구원을 받고자 원한다면, 우리는 무엇을 해야만 할까? 그 답은 간단하다. 주 예수 그리스도를 *믿어라*. 우리는 우리의 의를 신뢰하는 것이 아니라, 그 대신에 용서와 죄의 지배로부터 해방을 위해 그리스도를 바라보는 것이다. 우리는 반드시 영광스러운 복음을 믿어야 한다. *죄 없으신 그리스도께서 우리의 죄들을 위해 죽으셨다. 그래서 우리는 하나님 앞에서, 그 사랑하는 자 안에서 칭의 받게 되었다.*

오직 믿음만이 우리를 구원한다. 그러나 우리가 구원을 소망하는 마음 상태에 머무르기 위해서 우리는 먼저 우리 자신의 밑바닥까지 반드시 가야 한다. 우리는 우리가 죄인이라는 사실을 반드시 자각해야 하고 하나님 앞에서 우리의 의로 우리 자신을 의롭게 할 수 없음을 반드시 깨달아야 한다.

그래서 회개로, 우리는 우리의 죄책을 인정하고 용서받기 위하여 애통하는 마음을 가지고 우리의 죄들로부터 그리스도께로 돌이켜야 한다. 그리스도 예수께서 이를 완전히 갚으셨다는 확신이 드는 곳에서, 믿음으로 우리는 죄 용서를 위해 그리스도를 바라본다. 그 까닭은 주님께서 "회개하고 복음을 믿으라"(마가복음 1장 15절)고 말씀하셨기 때문이다.

신학적으로 말하면, 회개와 믿음은 발생 순서대로 볼 때 분리될 수 없다. 존 머레이John Murray는 이것을 분명하게 말한다.

믿음이 죄로부터 구원하신 그리스도를 믿는 믿음이라는 사실을 기억할 때, 믿음과 회개의 상호의존은 실제로 쉽게 이해될 수 있다. 그러나 만약 믿음이 곧바로 죄로부터의 구원과 연결된다면, 반드시 죄에 대한 증오가 있고 죄로부터 구원받고자 하는 소망이 있다. 죄에 대한 이러한 증오는 죄로부터 하나님께로 돌아서는 본질적인 회개를 포함한다. 다시 말해서, 만약 우리가 회개는 죄로부터 하나님께로 돌아서고 있는 것이라는 사실을 기억한다면, 하나님께로 돌아서는 것은 그리스도 안에서 계시된 하나님의 자비를 믿는 믿음을 함축한다. 믿음과 회개를 하나로 묶어두지 않고 분리하는 것은 불가능하다.[1]

구원을 낮게 보는 견해와 사람을 높게 보는 견해를 가진다면, 구원은 죄인들이 쉽게 받아들일 수 있는 것이라고 생

---

1) John Murray, *Redemption Accomplished and Applied* (Grand Rapids: Eerdmans, 1955), 113.

각하기 쉽다. 만약 죄인이 해야 하는 모든 일이 그들에게 천국으로 가는 공짜표를 주시길 원하시는 예수님을 믿는 믿음이라면, 교회가 수많은 사람들에게 침례를 베풀 수 있다는 것은 전혀 놀라운 일이 아니다.

반면에, 만약 교회가 구원을 높게 보는 견해와 사람을 낮게 보는 견해를 가진다면, 모든 것이 변한다. 아마도 죄에 사로잡혀 종노릇하고 있는 사람들은 예수님께서 그들의 죄들을 위해 십자가에 달려 죽으셨다고 고백할 수도 있지만, 성령님을 떠나서 그들은 자신들의 죄들을 저버릴 능력도 의지도 없을 것이다. 죄인들은 죄의 본성에 따라 언제나 그들이 하나님을 사랑하는 것보다 그들 자신을 더 사랑할 것이다. 죄인들은 이기적인 바람과 악한 영들에게 사로잡혀 있다(에베소서 2장 1-3절). 그리고 이것은 그리스도를 위해 의지적으로 모든 것을 저버릴 만큼 하나님을 사랑하는 것을 사람의 힘으로는 불가능하게 만든다.

하나님을 향한 애정을 갖고 어느 정도의 희생들을 감수하는 것과, 하나님을 그 무엇보다도 사랑하는 것은 완전히 별개이다. 사람들에게 지금 최고의 삶을 주기를 원하시는 그리스도를 소망하는 것은 교회 다니는 대부분의 사람들에게 꽤 합리적으로 보이지만, 죄인들에게 모든 것, 심지어 그들의 생명까지도 저버리는 것을 요구하는 그리스도를 소망하는 것은 완전히 불합리하게 보인다. 특히 압박 전술과 감정을 자극하는 고요한 배경음악이 있으면 누군가에게 반복적으로 기도하라고 말하는 것은 쉬울 수 있지만, 죄인들에게 그들이 하나님께 범죄를 저지른 것에 대한 진정한 양심의 가책을 느끼도록 일깨우는 것 그리고 그 후에 그들이 의지를 발휘해 그들의 삶을 포기하도록 야기하는 것은 불가능하다.

제자들은 예수님께서 부유한 젊은 관리에게 제자도의 큰 대가에 대해 설명하는 것을 들은 후에, 예수님께 "그렇다면 누가 구원을 얻을 수 있으리이까"라고 물었다. 예수님께서는 "사람으로는 할 수 없으나"라고 말씀하시는 것으로 답하셨다 (마태복음 19장 25-26절).

그렇다면 어떻게 죄인들은 구원을 받는가? 죄인들은 *오직 은혜*로 구원을 받는다. 감사하게도, 예수님께서 "사람으로는 할 수 없으나"라고 말씀하신 후에, "하나님으로서는 다 하실 수 있느니라"라고 말씀을 이어가셨다(마태복음 19장 26절).

하나님께서는 어떻게 죄인들을 구원하시는가? 그들이 의지를 발휘해 복음을 믿을 수 있도록 성령님께서 그들의 마음을 거듭나게 하신다(요한복음 3장 5-8절). "이 복음은 모든 믿는 자에게 구원을 주시는 하나님의 능력이 됨이라"(로마서 1장 16절) 성령님의 구원의 능력이 없었다면, 죄인들은 그들의 허물들과 죄들로 인해 죽은 상태로 남아있었을 것이다. 오직 하나님만이 돌처럼 굳은 마음을 바꾸실 수 있고 반역하는 죄인들을 회개와 예수 그리스도를 믿는 믿음으로 데려오실 수 있다. "너희는 그 은혜에 의하여 믿음으로 말미암아 구원을 받았으니 이것은 너희에게서 난 것이 아니요 하나님의 선물이라"(에베소서 2장 8절) 누군가는 씨를 뿌림으로 복음을 전할 수 있고, 또 다른 누군가는 물을 줌으로 말씀을 전하기도 하지만, 오직 하나님만이 듣는 자들을 자라게 하시며 사람들을 예수 그리스도를 믿는 믿음으로 데려오실 수 있으시다(고린도전서 3장 6절).

하나님, 사람, 구원에 대한 이러한 관점을 견지하는 것은 교회에 대한 모든 것을 변화시킨다. 만약 한낱 설득이나 교묘한 감정의 조종을 통해 죄인들의 마음을 변화시키는 것이 불가능하다면, 그리고 만약 성령님께서 비추시는 은혜 없이 죄인들이 자기를 부인하고 그리스도께 주님으로 복종하는

교회가 귀찮아!

것이 불가능하다면, 이제 교회는 마땅히 진리를 전파하는 것에 초점을 두어야만 한다. 이 한 가지가 성령님께서 죄인들을 구원하고 성화시키기 위해 사용하기로 선택하신 것이다.

교회는 침례 받은 사람들의 수나 회중에 속한 지체의 수로 인해 심판받는 것이 아니라, 교회가 하나님의 전체 경륜을 가르치는 일을 얼마나 신실하게 해왔는지에 따라 심판을 받을 것이다. 그렇다. 교회는 잃어버린 영혼에 대한 깊은 열정을 가져야 하며 하나님의 영광을 위해 그들에게 가까이 다가가려고 해야 한다. 그러나 교회가 잃어버린 영혼들을 위해 할 수 있는 가장 좋은 일은, 죄인들로 하여금 자신들의 죄들을 회개하도록 하고 예수 그리스도를 믿는 믿음으로 하나님과 화해하도록 하는 복음, 즉 타협하지 않는 복음을 설교하는 것이다. 교회는 이를 기억할 필요가 있다. 교회는 마땅히 *수적 성장*을 갈망해야 하지만 이를 위해 *영적 성장*을 희생해서는 안 된다. 존 오웬John Owen은 "교회의 큰일은 그 수를 더하게 하는 것이 아니라, 은혜로 그들을 예수 그리스도 안에서 장성하게 하는 것이다"[2]라는 사실을 우리에게 상기시킨

---

2) John Owen, "The Mutual Care of Believers Over One Another," *The Works of John Owen*, vol. 16, The Church (Edinburgh: Banner of Truth, 1965), 477-478.

다. 마케팅, 술책, 오락거리가 큰 무리를 군집시킬 수도 있지만, 오직 하나님의 진리의 말씀만이 하나님의 영광을 위해 교회를 세우고 교회의 회중을 정결하게 한다.

이 책에 깔려 있는 주된 신념은 하나님을 높게 보는 관점과 사람을 낮게 보는 관점이다. 교회는 하나님, 사람, 구원에 대한 올바른 관점에 달려 있기 때문이다. *복음이 없는 곳에는 교회도 없다!* 만약 어떤 특정 교회가 하나님의 인정을 받고 있는지 그리고 그 사명을 잘 감당하고 있는지 알기를 원한다면, 우리는 반드시 그 교회가 예수 그리스도의 복음을 어떻게 다루는지와 어떻게 전파하고 있는지를 살펴봐야 한다.

하나님, 사람, 구원에 대한 올바른 관점은 한 교회가 작동하는 방식에 많은 영향들을 미친다. *교회의 제1의 목적은 무엇인가? 교회가 거룩하다는 것은 무엇을 의미하는가? 교회 회중의 자격들과 책임들은 무엇인가? 권징은 어떠해야 하는가?* 이러한 질문들의 답은 하나님, 사람, 구원에 대한 성경의 관점에서 나와야 한다.

이 책의 목적은 하나님을 높게 보는 관점과 사람을 낮게

교회가 귀찮아!

보는 관점이 지역 교회의 본질과 목적과 역할들에 대한 우리의 이해를 어떻게 형성해 가는지를 보여주는 것이다.

1. 구원에 대한 성경의 관점이 지역 교회의 역할들과 실천들에 어떠한 영향을 주어야 하는가?

2. 복음주의 안에서, 구원을 바라보는 두 가지 주된 관점은 무엇인가?

3. 안일한 믿음주의란 무엇인가?

4. 안일한 믿음주의는 지역 교회에 어떠한 영향을 주는가?

5. 구원의 목적은 무엇인가?

6. 왜 회개는 구원을 위해 필수인가?

7. 왜 구원은 오직 믿음으로만 얻을 수 있는가?

8. 왜 지역 교회의 초점은 진리에 있어야 하는가?

9. 하나님, 사람, 구원에 대한 올바른 관점이 교회가 사람 중심이
   되는지, 아니면 하나님 중심이 되는지에 어떠한 영향을 주는가?

제1장

◇◇◇◇

"와, 시설이 정말 좋네요"
지역 교회의 본질

그리스도인들은 의무적으로 한 지역 교회에 회중으로 속해 있어야 하는가? 교회 회중의 특권과 책임은 무엇인가? 교회의 목적은 무엇인가? 건강하고 영적인 교회의 특징은 무엇인가? 무엇이 교회의 활동인가? 교회는 어떻게 예배를 드러내야 마땅한가? 권징은 무엇이고, 교회는 어떻게 통치되어야 하는가? 이러한 중요한 질문들에 대한 답은 누군가의 의견이나 실용주의 또는 상대주의의 개념에 맡기는 것이 아니라, 하나님의 기록된 말씀의 확실한 근거로부터 가져와야 마땅하다. 그러므로 이러한 연구의 목적은 *지역 교회의 본질, 목적, 기능, 예배, 회중됨, 권징, 권위에 대해 성경이 가르치는 내용을 규명하는 것이다.*

지역 교회란

건물들과 시설들이 지역 교회를 정의하는 것이 아니라 오히려 교회 회중이 담고 있는 열매가 지역 교회를 정의한다. 지역 교회는 성령님으로 인해 이 어둠의 세계로부터 불려 나와서 예수 그리스도 안에서 영적으로 연합하여 한몸이 된 성도들이 한몸을 이룬 하나의 공동체이다. 이러한 성도들은 자기 자신을 믿음의 순종에 내어 준다. 그들은 영적 교제와 서로의 덕을 세우기 위해, 임명된 지도자들과 함께 겸손히 그리고 지속적으로 모인다. 이렇게 모이는 것으로 그들은 사랑 안에서 자발적 동의로 서로에게 책임 있는 행동을 한다. 그래서 이 교회는 함께 하나님의 말씀을 지키고, 교훈을 따르고, 교회의 의식들을 따르고, 권징을 수행하는 것을 목표로 한다. 그리고 이 교회는 전체적으로 주님께 하듯이 서로 순종하고, 서로 가르치고, 서로 책망하고, 돌아보는 것을 목표로 한다.

교회가 귀찮아!

지역 교회의 본질

지역 교회의 본질은 서로 연관된 세 가지 부분들로 구성된다. 교회는 ⑴성도들의 연합 공동체 ⑵성도들의 거룩한 공동체 ⑶하나님의 말씀, 즉 진리를 맡아온 공동체이다.

⑴ 교회는 성도들의 연합된 몸이다

하나님의 가족과 같은 교회는 본질상 성도들이 연합한 한몸이다. 구원은 사람과 하나님을 화해시킬 뿐 아니라, 사람들을 서로 연합하게 한다(에베소서 2장 14절). 그리스도의 몸 안에는 유대인과 이방인, 부유한 자와 가난한 자, 남자와 여자 사이에 차별이 없다. 우리 모두는 예수 그리스도 안에서 하나이다(에베소서 4장 4절). 이 하나 됨은 단지 정체성에만 국한되는 것이 아니라, 생명의 근원, 영적인 생명에 있어서도 하나이다. 그리스도 안에서 각 성도들이 가지는 생명은 결국 모든 신자들이 함께 가지고 있는 생명이 된다. 다시 말해, 성도들이 그리스도 안에서 침례를 받을 때, 그들은 함께 연합하여 한몸이 된다. 하나님의 연합된 백성들을 겉으로 드러내는 것이 아니라면 지역 교회는 무엇이란 말인가? 다시 말해서, 만약 하나님의 백성들이 영적으로 하나라면, 그들은 하나로 드러나야만 한다.

(2) 교회는 거룩한 하나님의 백성들이다

교회는 또한 하나님의 말씀, 진리로 그리스도 예수 안에서
거룩함을 입은 구원 받은 백성들이다(고린도전서 1장 2절). 하나
님의 백성들은 어둠과 죄의 세계로부터 불려 나와서 하나님
의 사랑하는 아들의 왕국으로 옮겨졌다. 그들은 예수 그리스
도의 피로 씻음과 거룩함을 받았다(고린도전서 6장 11절). 그들
은 성령님으로 인해 주님께 바쳐진 거룩한 나라이며 제사장
나라이다(베드로전서 2장 5절, 9절). 참 교회는 본질상 거룩하다.

(3) 교회는 진리의 전달자이다

교회는 진리를 수호하고 선포하기 위한 진리의 기둥과 터이
다(디모데전서 3장 15절). 하나님께서는 하나님의 말씀(진리의 계
시)을 하나님의 백성들을 보살피는 사람에게 위탁해 오셨다
(유다서 3절). 진리가 없다면, 교회는 없어진다. 상대주의, 주관
성, 실용주의로 형성된 문화의 포스트 모던 시대 속에서, 교
회는 어둠 속에서 진리를 밝게 비추는 하나의 빛이다.

결론

요약하자면, 지역 교회는 진리에 의해 거룩하여지고 예수 그리스도 안에서 함께 연합된 백성들로 이루어진 하나님의 공식적인 진리의 전달자이다. 이것을 이해하는 것은 매우 중요하다. 그 까닭은 교회의 본질이 교회의 목적, 역할들, 예배, 회중됨을 결정하는 것이기 때문이다. 교회는 그 본질에 있어서 거룩하고 연합된 상태이기에, 실제로도 거룩하고 연합되어 있다고 불린다. 이 목적을 놓치는 것은 교회의 근간을 약화시키는 것이다.

1. 여러분은 어떻게 지역 교회를 정의하겠는가?

2. 지역 교회의 세 가지 주된 특징들은 무엇인가?

3. 지역 교회의 세 가지 특징은 어떻게 밀접한 관련이 있는가?

4. 교회의 본질에 대한 적절한 이해는 교회가 역할을 하는 방법에 어떤 영향을 주는가?

5. 여러분은 대부분의 사람들이 교회에서 무엇을 찾고 구한다고 생각하는가?

6. 여러분은 하나님께서 어떻게 좋은 교회를 드러내신다고 생각하는가?

THE CHURCH
Why Bother?

제2장

◇◇◇

"교회, 우리는 왜 이곳에 있는가?"
지역 교회의 목적

교회는 하나님을 예배하고 복음을 세상에 선포함으로써 하나님께 영광 돌리기 위해 주님에 의해 세워졌다. 그리고 교회는 하나님의 말씀을 유지하고 설교하기에 성도들의 성화의 수단이며, 기관이다. 이 몸의 각 지체들이 성령님 안에서 그리고 사랑 안에서 온몸의 덕을 세우기 위해 함께 일할 때, 하나님의 백성 전체가 예수 그리스도의 완벽한 형상과 모습으로 빚어지는 목적이 성취된다.

성령님으로 하나님께 영광을 돌려야 한다는 공동의 목적을 가지고, 바울은 에베소서 4장 9-16절에서 교회의 세 가지 구별된 **목적**들을 설명한다. 이 세 가지 목적들은 (1) *진리* 안에 굳게 섬으로 영적으로 성숙해지는 것, (2) 상호의존적인 공동체로 기능함으로써 그리스도 안에서 본질적인 **연합**을 이루어내는 것, (3) 개인과 공동체의 거룩을 추구함에 있어서 **순수성**을 훈련하는 것이다.

각각의 목적은 다른 목적들과 관련이 있을 뿐 아니라, 각 목적이 성취되도록 도움을 준다. 교회가 이 세 가지 영역(*진리, 연합, 순수성*)에서 성숙해질 때, 교회는 하나님께 영광을 돌리기 위한 교회의 목적을 따라간다.

교회의 목적은 무엇인가? 하나님께서 교회를 지으신 모습 그대로가 되는 것이다. 그 모습은 연합된 거룩한 백성이 타협하지 않고, 하나님의 말씀의 진리를 유지하고, 따르고, 전파하는 것이다.

1. 교회는 진리 안에서 굳게 서야만 한다

교회는 진리의 기둥과 터이기 때문에 교회 회중의 지체들은 반드시 그들의 힘을, 진리를 유지하고 따르고 전파하는 데

교회가 귀찮아!

사용해야 한다.

첫째, 교회는 어떻게 진리를 유지해 나가야 마땅한가? 만약 하나님의 말씀이 절대적이고 불변하고 권위적이라면, 교회는 하나님의 말씀을 그렇게 선포하도록 부름을 받은 것이다. 아마도 역사상 교회가 신학적으로 타협하도록 유혹을 당하는 혹독한 시기는 결코 없었을 것이다. 하나님의 백성은 이러한 시간들 속에서 믿음을 꼭 붙잡아야만 한다. 한 지역교회가 큰 청중을 모으기 위해서든, 다른 어떤 이유로든 진리를 희석시키거나 진리의 특정 측면들을 무시할 때, 언제나 교회는 갈 길을 잃는다. 교회가 교회의 신성한 목적을 성취하는 것보다 수적 성장을 더 높게 둔다면, 교회는 교회 그 자체와 교회의 지도자이신 예수 그리스도를 부인하는 것이다.

둘째, 그리스도께서는 교회에게 진리를 유지할 것만을 명하신 것이 아니라, 진리와 예수 그리스도를 아는 지식 안에서 *자랄 것도* 명하셨다(마태복음 28장 20절). 즉, 교회는 진리로 거룩해지도록 부름을 받았다(요한복음 17장 17절). 바울은 에베소서 4장 11-15절에서 이것을 구체화한다.

그가 어떤 사람은 사도로, 어떤 사람은 선지자로, 어떤 사람은 복음 전하는 자로, 어떤 사람은 목사와 교사로 삼으셨으니, 이는 성도를 온전하게 하여 봉사의 일을 하게 하며 그리스도의 몸을 세우려 하심이라. 우리가 다 하나님의 아들을 믿는 것과 아는 일에 하나가 되어 온전한 사람을 이루어 그리스도의 장성한 분량이 충만한 데까지 이르리니 이는 우리가 이제부터 어린 아이가 되지 아니하여 사람의 속임수와 간사한 유혹에 빠져 온갖 교훈의 풍조에 밀려 요동하지 않게 하려 함이라. 오직 사랑 안에서 참된 것을 하여 범사에 그에게까지 자랄지라 그는 머리니 곧 그리스도라.

이 성경구절에 따르면, 진리는 교리의 오류로부터 교회를 안전하게 보호하기 위해 필수일 뿐 아니라, 그리스도의 몸 안에서 영적인 성장을 이루기 위해서도 필수이다.

그래서 교회는 건전한 교리가 부끄러워서 하나님의 모든 경륜을 가르치는 것을 피해서는 결코 안 된다(사도행전 20장 27절).

셋째, 하나님께서는 교회의 울타리 안에 있는 사람들에게뿐 아니라, 교회의 밖에 있는 사람들에게까지 진리를 *전파*하라고 교회에 명령하셨다. 교회의 주된 목적들 중에 하나는 그리스도를 위하여 복음을 전하고 제자 삼는 것이다(마태복음 28장 19절). 교회는 주일 아침에 교회에 나오는 사람들에게 복음을 설교할 책임만 가진 것이 아니라, 월요일 아침에 개인적인 복음을 전할 준비가 되도록 성도들을 키워낼 책임도 가지고 있다. 각 그리스도인들은 복음의 내용(특히 오직 믿음으로 의롭게 되는 칭의교리에 대해)을 분명하게 이해할 필요가 있으며, 그들의 믿음을 가족, 친구, 이웃과 나눌 수 있는 능력이 있어야 한다(베드로전서 3장 15절). 주 예수님께서는 자신의 교회에게 금이나 은을 맡기지 않으시고 오히려 교회에 진리를 맡기셨다. 그래서 교회가 책임감을 가지고 모든 사람들에게 전해야 하는 것은 바로 진리이다. 교회는 세상의 빛이다. 이러한 이유로, 지역 공동체 안에서 적극적으로 복음을 전하는 것과 세계선교를 지지하는 것은 교회 회중에게 매우 중요하다.

진리를 유지하는 것, 진리 안에서 자라나는 것, 진리를 전파하는 것은 그리스도의 몸과의 연합과 깊은 교제를 *강하게 하는* 교회의 다음 본질적인 목적을 성취하는 데 추가적인 도움을 준다(생각이 하나인 곳에 마음이 하나가 될 것이다).

2. 교회는 연합과 교제를 강화시켜야만 한다

성경에 따르면, 교회는 성도들의 연합된 한몸이고, 그들의 본질적인 연합은 필시 교회의 일반적인 역할들 안에서 강화되고 유지된다. 연합을 통해서만, 교회는 전체의 상호 유익을 위해 서로 교제하고 함께 힘쓰는 개인들로 구성된 공동체로서 역할을 하도록 부름을 받았다.

우리는 에베소서 4장 9-16절 말씀 안에서 하나님께서 사역을 위해 성도들을 준비시키도록 교회에 영적 지도자들을 보내주시고 계셨다는 사실을 배운다. 그래서 말씀을 전하는 일이 교회의 사역자들이나 교사들에게만 속해있다고 생각하는 것은 부적절하다. 사역자들이 회중들을 준비시키는 것과 같이, 회중들이 결국 또 다른 사람들에게 말씀을 전할 수 있어야 한다. 바울은 이어서 그리스도의 몸의 보편적인 말씀 사역이 필요하다는 것을 계속해서 강조해 나간다. *"그에게서 온 몸이 각 마디를 통하여 도움을 받음으로 연결되고 결합되어 각 지체의 분량대로 역사하여 그 몸을 자라게 하며 사랑 안에서 스스로 세우느니라"*(에베소서 4장 16절).

교회가 귀찮아!

우리의 교회 공동체는 반드시 성도들의 진심어린 교제와 상호 협력으로 이루어져야 한다. 교회는 교회 회중이 서로 사랑 안에서 돕고, 기도하고, 권면하고, 꾸짖고, 격려하는 가족이 되어야 하는 공동체이다. 그래서 회중의 한 지체가 고통 속에 있거나 또는 크게 기뻐할 때, 교회의 나머지 회중들도 그렇게 함께 슬퍼하거나 기뻐한다. 이렇게, 교회 회중의 각 지체는 *"부르심을 받은 일에 합당하게 행하여 모든 겸손과 온유로 하고 오래 참음으로 사랑 가운데서 서로 용납하고 평안의 매는 줄로 성령이 하나 되게 하신 것을 힘써 지키라"* (에베소서 4장 1-3절)고 부르심을 받는다.

만약 민족성, 성별, 사회적 지위에서 인구학적demographic 차별 없이 교회가 그리스도 안에서 하나라면, 그리고 만약 교회가 사랑 안에서 공동체로 역할을 다하도록 부름을 받았다면, 교회는 반드시 교회의 몸 안에서 공동체를 공고히 하는 현실적인 방법들에 주의를 기울여야 할 것이다.

연합을 유지하기 위해서, 교회는 반드시 동일한 연령대 또는 개인 관심사들을 가진 사람들이 주로 어울리는 것으로 인해 회중 안에서 미묘하게 나뉘는 모습이 생기지 않도록 주의해야 한다. 담을 짓는 것은 젊은 신혼 부부, 청소년, 고령자 등등 사이에서 필요한 대화와 교제를 단절시킬 것이다. 대신에, 교회는 젊은 청년들이 고령의 성도들로부터 배울 수 있도록 마땅히 권해야 하고, 마찬가지로 교회의 사역자들도 기꺼이 젊은이들을 가르치는 것이 필요하다. 가족의 역할들에 있어서, 우리 자녀들이 함께 외출을 하고 함께 놀 수 있는 적절한 때가 있는 것같이, 먹을 수 있거나 배울 수 있는 때에, 그리스도의 머리되심 아래 가족으로서 함께 떡을 떼고 마셔야 한다.

우리, 즉 교회는 반드시 계획된 행사들에서 뿐만 아니라 (가족들과 개인들이 자발적으로 모이는) 회중들의 가정에서도 유대감을 조성해야 한다. 사실, 대부분의 교회 사역은 주일 오전 예배 이외의 장소, 즉 교회 성도들의 각 가정의 거실, 식사하는 자리, 뒤뜰에서 이루어진다.

요지는, 교회가 단절되고 고립되어 가기보다, 즉 일주일에 한 번뿐인 주일 오전 예배의 경험을 향해 가기보다 교회는 교회의 울타리 안팎에 걸쳐 성도들의 공동체 의식을 앞장서서 주도하여 발전시켜야 한다는 것이다.

교회가 귀찮아!

3. 교회는 거룩함을 추구함에 있어서 순수성을 지켜야만 한다

교회의 몸이 교회의 목적에 맞게 역할을 하는 것은 하나님의 백성에게 성화의 수단이 될 것이다. 교회의 목적은 교회가 주 예수 그리스도의 완전한 형상과 모습으로 성도들 각 개인과 교회공동체가 형성되는 것이다(에베소서 4장 13절). 교회를 향한 그리스도의 목적은 항상 *"자기 앞에 영광스러운 교회로 세우사 티나 주름 잡힌 것이나 이런 것들이 없이 거룩하고 흠이 없게 하려 하심"*(에베소서 5장 27절)이다. 그러므로 우리가 거룩해지기 위하여 노력하는 것처럼, 우리의 죄와 세속성에 직면하는 것이 필요하다. 이것은 교회의 회중됨을 오직 성도들에게만 부여하도록 제한하는 것을 촉구한다. 교회의 회중 가운데 필요한 경우, (제4장과 제5장에서 설명되어 있는 것처럼) 교회는 권징을 요구한다.

결론

하나님께서 계획하시고 설계하신, 교회는 영과 진리로 하나님을 예배하는 성도들로 구성된 한 가족이 되어야만 하고,

또 함께 모여 타협하지 않는 태도로 성경을 설명하고 적용하는 것 안에서 교제하고 서로 덕을 세우고 서로를 가르쳐서 사랑, 연합, 지식, 의, 참 거룩 안에서 성장하는 성도들로 구성된 한 가족이 되어야만 한다. 성도들은 자신들의 모임에서 더 나아가 앞으로 전진하여, 그 지역 공동체들과 전 세계에 복음을 전파해야 한다.

교회가 귀찮아!

1. 교회의 목적은 무엇인가?

2. 어떠한 면에서 교회가 진리의 기둥과 터인가?

3. 오직 믿음으로 얻는 칭의의 복음을 이해하는 것이 그리스도인들에게 왜 중요한가?

4. 교회 안에서 연합을 위한 기반은 무엇인가?

5. 그리스도인들이 교제를 통해 얻을 수 있는 현실적인 이점들은 무엇인가?

6. 교회의 회중됨이 오직 그리스도인들에게만 제한되어야 하는 이유는 무엇인가?

제3장

◇◇◇

"'관련성', 문화적으로 받아들일 만하다"
문화와 지역 교회

교회의 가장 중요한 단 하나의 목적은 하나님께 영광을 돌리는 것이다. 하지만, 하나님께 영광을 돌리는 것은 거룩 없이 일어날 수 없고, 거룩은 진리와 동떨어져서는 존재할 수 없다. 주님께서 교회를 세우신 것은 바로 이 목적을 위해서이다. 교회는 잃어버린 자들에게 복음을 전파하는 수단이 됨으로써 그리고 진리를 통해 성도들을 성화시키는 수단이 됨으로써 하나님께 영광을 돌린다.

지위에 있어서 교회는 진리를 위임받아 온 하나님의 거룩하고 연합된 백성이기 때문에, 하나님께서는 실제적으로 교회가 어떠한 모습이 되어야 하는지 이것만을 요구하고 계신다. 예를 들면, 교회가 세상에서 교회의 영향력과 수용성을 높이고자 하는 욕망으로 교회의 본질을 다시 정의하려고 하는 것은 어긋나는 것이다. 대신에, 교회는 어둡고, 적대적이고, 거룩하지 않은 세상 속에서 교회 그 자체로, 즉 교회의 바로 그 본질을 행하라고 부름을 받았다. 현실적으로 말하면, 교회는 문화에 *의해* 영향을 받거나 형성되지 않아야만 되고, 문화에 신성한 영향을 주어야 한다.

교회가 교회의 목적을 포기하라는 유혹을 받게 되는 지점은, 교회가 문화를 끌어들이고자 하는 태도를 취하는 바로 그 지점이다. 성경은 교회가 거룩하며 거룩하게 되도록 부름을 받았고, 세상은 거룩하지 않으며 영원히 거룩하게 되지 않을 것이라는 사실을 분명히 한다. 세상의 문화는 육체의 것, 세상의 가치에 의해 형성된다. 반면, 교회의 문화는 성령님의 것, 교회의 가치에 의해 형성된다.

그리스도인들은 (하나님의 나라와 이 세상의 나라) 두 나라 모두에 거하고 있기 때문에, 그리스도인들이 즐기는 문화 활동들 (예를 들면, 음악, 언어, 음식, 의복, 등등)에 있어서 어느 정도 겹쳐지는 부분들이 있을 것이다. 그러나 교회가 세속문화에 미치는 선두적인 영향들이 *세속적인 가치들*이라는 것을 잊을 때, 그리고 세상의 가치들은 교회의 영적인 가치들과 반대되는 것임을 잊을 때, 교회는 머지않아 세상의 가치로 형성되어 갈 것이다. 교회가 세상의 가치에 의해 영향을 받기 시작하고 거룩과 세속 사이의 차이를 잊을 때, 교회는 곧 교회의 목적을 잊을 것이다. 거룩한 교회와 세속적인 세상 사이의 선이 흐려져 갈 때, 의심할 여지없이 교회는 그리스도 중심이기보다 인간 중심이 되어갈 것이다.

교회의 거룩을 축소한다

교회들은 사회에 미치는 충격과 영향력을 넓히기 위해, 거룩을 추구하는 것을 약화시킴으로써 종종 하나님을 멀리 떠나는 여정을 시작한다. 문화에 영향을 미치는 것이 나쁜 목표라고 말하는 것이 아니라, 이 목표가 교회의 주된 목표보다 결코 앞서서는 안 된다는 것을 말하는 것이다. 그 까닭은 무엇인가? 그 까닭은 그리스도를 영화롭게 하는 것보다 사람에게 더 관심을 가지게 된다면, 교회가 추구하는 것은 사람들을 교회에 끌어오는 가장 효과적인 방법이 되기 때문이다.

문제는 세속적인 사람들은 거룩하신 하나님께 예배를 드리고 순종하는 것에 관심이 없다는 것이다. 세속적인 사람들은 거룩하신 하나님을 예배하는 거룩한 사람들로 가득 찬 교회에 끌리지 않기 때문에, 교회는 세속적인 사회의 관심과 인정을 얻기 위해 그들의 거룩을 세속화시키는 유혹에 빠진다. 즉, 거룩에 대한 세속문화의 자연스러운 경멸을 극복하기 위하여, 교회는 세속적 가치들로 형성된 세속적인 사람들의 마음에 더 끌릴 수 있도록, 거룩한 것(예수 그리스도의 교회)을 취하여 *의도적*으로 세속적 포장지로 덮으려는 유혹을 받는다.

지역사회 봉사활동을 위하여 교회의 초점, 힘, 원천이 (거룩으로 이끄는) 교리로부터 완전히 돌아서서, 수적 성장으로 이끄는 다양한 활동들과 행사들을 만들고 유지시킬 것이다. 교회가 수적 성장으로 인해 증명되는 공동체로 나아갈 때, 성공은 온전하게 회심한 죄인들과 회중의 거룩의 정도에 의해 결정되는 것이 아니라, 교회가 얼마나 효과적인지에 달려 있다.

그래서 교회들은 어떤 교회가 가장 많은 사람들을 포용할 수 있는가를 파악하기 위해 경쟁하기 시작한다. 바로 이 지점에서, 어떤 교회가 가장 으리으리한 시설들을 갖출 수 있는지를 드러내기 위한 경쟁이 시작된다. 교회가 갖추고 있는 커피숍에서부터 헬스장에 이르기까지 모든 것은 세상의 기준들로 교회를 판단하는 사람들에게 신뢰를 주고 그들에게 매력적으로 보이기 위함이다.

오늘날의 교회들은 행사들, 시설들, 커피와 같은 가시적인 수단으로 사람들을 끌어들이고자 노력할 뿐 아니라, 알맞은 분위기와 환경과 같은 비가시적인 수단도 이용한다. 사회에 접근하기 위하여 외관, 예배, 설교를 세속문화와 일맥상통하게 함으로써 문화적으로 연결 지으려고 노력한다. 이것은 충분히 순수한 의도로, 교회에 다니지 않는 사람들이 교회의 문을 열고 들어오지 못하게 하는 불필요한 장애물들을 제거하고자 하는 노력에서 시작한 것일 수 있다. 다른 사람의 이목을 끄는 매력적인 분위기를 만들어내는 첫걸음 중의 하나는 셔츠와 넥타이 대신에 청바지와 티셔츠를 입는 것으로 옷차림을 편하게 하는 것이다. 이것이 의상(의상의 본질 자체는 사실상 아무 문제가 없다)에 관한 것이라기보다는, 옷차림을 편하게 하는 것이 덜 경건한 분위기와 더 격식이 없어지는 분위기를 만들어 낸다는 것이다. 그리고 이러한 교회는 회중 찬양에서 연주회의 공연과 같이 사람들에게 더 즐거움을 줄 수 있는 예배 방식으로 천천히 옮겨가지 않으면 안 된다. 음악과 조명과 촛불들을 통해 오감이 자극될수록 더 좋다. 이러한 변화들은 비기독교인들이 즐길 수 있고 그들과 어울리는 분위기를 만들어내는 데 아주 중요하다. 이것은 토요일 저녁의 세속적인 연주회를 주일 오전 예배로 자연스럽고 쉽게 옮겨지도록 허락하는 것이다.

이러한 의도적인 변화는 교회건물의 구조에도 영향을 미쳐왔다. 교회들은 더 이상 교회처럼 보이길 원하지 않는 만큼, 교회 첨탑을 제거하기를 원하고, 이러한 예배를 드리기 위해 오래된 큰 창고나 연주회장을 찾는다.

더욱이, 심지어 교회가 그리스도를 묘사하는 방법까지도 상황화가 필요하다. 주 예수 그리스도께서는 더 이상 *거룩하신 분으로*, *경외의 대상*으로 묘사될 필요가 없고, *세련*되고 *현대적*으로 묘사되어야 할 필요가 있다. 교회들이 맨 앞에 있길 원한다면, 반드시 사회의 변화무쌍한 유행과 추세에 맞는 *현대적인* 모습이 되기 위하여 더 열심히 일해야 한다. 교회직원들(또는 적어도 무대 위에 서서 사람들에게 보여지는 사람들)은 매력적이며 세련되게 드러나야 할 필요가 있다. 교회의 전체

인상과 모습은 다른 사람들의 눈길을 사로잡을 필요가 있다.

스타벅스가 고객들이 매장 내에서 직접 체험할 수 있도록 함으로써 성공적으로 그들을 감동시킨 것과 같은 방법으로, 교회도 역시 방문자들에게 다양한 감각적인 인상을 제공함으로써 감동을 주도록 노력해야 한다. 만약 포푸리향, 배경과 어우러지는 부드러운 음악, 마음을 진정시켜주는 자연의 색채들이 커피의 판매를 자극할 수 있다면, 적절한 분위기들과 조명과 음악은 교회의 성장을 자극할 수 있을 것이다.

결국, 더 다양한 청중들을 수용하기 위해서 교회의 분위기, 예배, 설교, 모습은 그 사회의 문화와 일치하고 그 문화를 사로잡을 필요가 있다.

성경이 하나님의 임재를 직접 경험한 사람에 대해 이야기를 할 때, 성경은 그 사람을 하나님의 거룩에 압도당했고, 두려움과 겸손 그리고 나서 기쁨으로 반응한다고 묘사한다. 천사들이 얼굴을 가리고 "거룩하다, 거룩하다, 거룩하다"라고 외치고 있을 때, 이사야가 성전에 들어갔던 그 때의 분위기와, 이사야로 하여금 얼굴을 땅에 막고 엎드려 "화로다 나여

망하게 되었도다"라고 소리치게 하는 그 때의 분위기는 현대 교회들이 재현하고자 하는 분위기가 결코 아니다. 오히려, 풋볼게임과 비슷한, 더 긴장감이 없고 가벼운 분위기가 목적이다. 이렇게 반전된 분위기에서, 사람들은 예. 수. 그. 리. 스. 도라고 구호를 거듭거듭 외치고 나서 흥겹게 춤을 춘다. 다시 말해서, 이러한 변화들은 교회가 기쁘게 하고자 하는 대상을 보여준다.

세상의 거룩하지 않은 것을 최소화하다

구도자에게 민감한 교회가 교회의 거룩의 기준을 낮춘 이후에, 논리적인 다음 단계는 교회 밖에 있는 사람들의 선함을 높여주는 것이다. 교회 문화와 세상 문화 사이의 차이가 모호해질 때, 교회는 곧바로 인류를 근본적으로 선하다고 여기게 될 것이다. 사회의 가장 큰 문제는 죄가 아니라, 굶주림과 다른 사회 문제들이다. 더 이상 세상은 타락으로부터 인류를 구원하시는 구세주로서 그리스도를 필요로 하지 않고, 다만, 혜택을 받지 못하는 자들과 병든 자들과 굶주린 자들에게 위로를 가져다주는 가장 좋은 본보기가 되시는 그리스도를 필

교회가 귀찮아!

요로 한다. 교회의 사명이 죄인들을 구원하는 것에서 문화를
구원하는 것으로 바뀐다.

하나님 위에 사람을 두는 교회들은 결국 인간 중심적인
사회 복음을 전할 것이다. 이러한 교회들은 하나님 말씀의
권위 있는 진리를 버렸고, 거룩을 양보했고 (예를 들면, 동성애를
용납하는 것 등등), 인간의 선을 격상시키기 위하여 타락교리를
제거했다. 대신에, 이러한 자유주의 교회들이 할 수 있는 최
선은 사람이 자기 자신을 도울 수 있도록 몇몇 도덕적인 지
침들과 따뜻한 차 한 잔을 제공하는 것이다.

찰스 스펄전Charles H. Spurgeon의 경고

1888년, 찰스 스펄전은 당시의 교회가 세상 속에서 교회의
영향력을 넓히기 위하여 교회의 목적을 타협하는 것을 보았
고 다음과 같은 경고를 했다.

사람들은 거대한 산더미 속 여기저기에서 꺼내오는 듯한 오
래된 방식을 고수하는 것은 쓸모없는 일이라고 말하는 것
같다. 우리는 더 빠른 방법을 원한다. 사람들이 다시 태어나
고, 그리스도를 따르는 자들이 되기까지 기다리는 것은 긴

과정이다. 자, 이제 거듭남과 거듭나지 않음의 차이를 없애 보자. 회심한 자든 회심하지 않은 자든, 모두 교회로 오시오. 여러분 모두는 선한 소원들과 선한 다짐들을 가지고 있다. 그것으로 충분하다. 문제를 더 만들지 말자. 여러분은 복음을 믿지 않지만, 사실 우리도 마찬가지다. 여러분은 이 것을 믿거나 다른 것을 믿는다. 함께 가자. 만약 여러분이 어떤 것을 믿지 않아도 상관없다. 여러분의 '솔직한 의심'이 믿음보다 훨씬 좋다. "그러나" 여러분은, "아무도 그렇게 이 야기하지 않는다"라고 말한다. 아마도 그들은 나와 같은 표현을 사용하지 않았을 것이다. 그러나 이것이 오늘날의 신앙의 진정한 의미이다. 이것이 시대의 흐름이다. 교회를 진보의 시대에 적용시켜야 한다는 핑계를 들어, 신뢰를 저버리고 우리의 거룩한 신앙을 배반한 특정 사역자들의 행동들이나 설교로 인해, 나는 내가 언급한 일반적인 이야기들의 옳음을 증명할 수 있다. 새로운 계획은 교회를 세상에 완전히 흡수시켜서 교회의 범주보다 더 넓은 범주를 포함하는 것이다. 어느 정도의 극적인 연출들로 그들은 기도의 집들을 극장과 비슷하게 만든다. 그들은 자신들의 예배들을 음악공연들로 바꾸고 자신들의 설교를 정치연설이나 철학적인 글들로 바꾼다. 사실, 그들은 예배당을 극장과 바꾸고,

하나님의 사역자들을 사람들을 기쁘게 하는 사업을 하는 연기자로 바꾼다. 주님의 날, 주일은 더욱더 재미를 위한 날이나 게으름을 피울 수 있는 날이 되어가고 있고, 주님의 집은 우상으로 가득한 절간 또는 하나님을 향한 열정보다 어떤 정당에 대한 열의가 가득한 정치단체가 되어가고 있다. 아! 아! 울타리는 부서졌다. 벽은 평평해졌다. 그 이후로 대부분의 사람들에게는 세상의 자리만 있고 그 어디에도 교회의 자리는 없고, 자연의 법칙으로 인한 알 수 없는 힘들만 있다. 그 어디에도 하나님께서는 존재하시지 않는다.[3]

세속성이 문제다

제발 오해하지 말라! 비기독교인들을 교회에 초대하는 지역 봉사활동, 사회적인 활동들, 청바지, 현대화된 시설들, 프라푸치노 이 모든 것은 본질적으로, 그 자체로는 아무런 문제가 없다. 교회가 첨탑을 가지고 있는지 없는지로 판단되어서는 당연히 안 된다. 한물간 전통들을 개정하는 것과 방문자

---

3) Charles H. Spurgeon, 'No Compromise' Vol. 34, No. 2047.

들을 환영하기 위하여 변화를 주는 것은 좋은 일일 수 있다. 어려움에 처한 사람들을 돕는 것은 가치 있는 일이며, 모든 교회들은 마땅히 잃어버린 자들에게 복음을 전해야 한다. 더욱이, 교회를 다니는 사람이라고 해서 어느 누가 아주 맛 좋은 커피 한 잔을 싫다고 하겠는가?

그렇지만 교회들이 진리의 기둥과 터로 알려지기 애쓰기보다 (오감을 자극하는 미학적인 인상을 만들어 내는 것으로) 이미지를 매력적으로 내놓고 각인시키는 것에 더 신경을 쓰게 될 때, 문제는 발생하기 시작한다. 이 문제는 교회가 거룩함의 내적 최고경지에 기반을 두고 명성을 쌓으려는 것보다 (예를 들면, 건물들, 음악형식, 안무, 예배를 상연하는 것 등등) 외적인 심미성에 기반을 두고 이미지를 만들어 가려는 것에 더 초점을 맞출 때 발생한다. 교회가 성도들을 위한 성화의 수단으로써 그 역할을 경시할 때, 복음을 세상에 더 매력적으로 보이도록 하기 위해 거룩해야 할 것을 세속화시킬 때, 그들은 그들의 진정한 목적, 즉 하나님의 영광을 잊어버리는 위험에 처하게 된다.

교회는 세상을 모방해서는 안 된다

존 맥아더John MacArthur는 우리에게 "세속화는 우리의 욕구와 야망과 행동이 이 땅의 가치들을 따라 빚어지도록 허용하는 죄"[4]라는 사실을 상기시킨다. 그러므로 교회가 세상의 인정을 받기 위해 모든 것을 알고, **의도적으로** 세상의 유행과 영향력을 뒤쫓아 갈 때, 교회는 스스로 세속화된다.

하지만, 세상이 필요로 하는 것은 세속적인 또 하나의 교회가 아니다. 교회는 매력적으로 보이기 위해 쿨-에이드 분말(미국의 청량음료 분말)을 생명수에 섞을 필요가 없다. 복음에 감미료를 더하는 것은 그리스도의 명예를 더럽힐 뿐만 아니라, 진정 목마른 자들을 만족시킬 수도 없다. 병든 자, 애통하는 자, 죽어가는 자, 길을 잃은 자라는 것을 알고 있는 자들은 멋진 기독교나 할리우드 문화에 적합하게 상황화 된 설교를 찾고 있는 것이 아니라, 진지하고, 진실하고, 순수한 복음을 찾고 있다. 있는 그대로의 순수한 복음은 예수 그리스도를 믿게 하기 위해 여전히 죽어있는 자들에게 의미가 있고, 성령님으로 인해 살아난 사람들과 여전히 관계가 있다.

---

4) John MacArthur, Ashamed of the Gospel(Wheaton, IL: Crossway, 1993), xvii.

내적인 거룩함은 외적인 모습에 영향을 미친다

슬리퍼나 정장이 진짜 문제가 아니고, 율법주의와 금욕주의가 그 답이 아니다. 청교도의 옷과 찬송가를 거룩과 동일시하는 것은 성경적이지 않고, 모든 문화적인 영향들을 교회에서 제거하려는 시도는 어리석다.

　율법주의와 금욕주의는 세속성에 대한 정답이 아니다. 그까닭은 거룩이 사람의 밖에서 비롯되어 안에 생겨나는 것이 아니고 오히려 성령님의 역사하심으로 사람의 안에서 시작되어 밖으로 나기 때문이다(마태복음 23장 25-26절). 엄격한 규정들을 강요함으로써 밖으로부터 거룩함을 이루기를 추구하는 교회들은 각 교회들의 회중들 안에서 교만과 자기 의 외에는 그 어떤 것도 얻지 못할 것이다. 외적인 법들을 강요하는 것은 절대로 마음을 변화시킬 수 없다. 대신에, 참 거룩함은 하나님의 말씀의 진리를 마음에 적용시키는 성령님의 방법으로 인해 하늘로부터 내려온다. 이것이 교회들이 잔의 겉을 깨끗하게 하는 것에 초점을 맞추기 이전에 잔의 안을 깨끗하게 해야 하는 이유이다(마태복음 23장 26절).

　자신들의 엄격한 복장 규정(또는 의도적으로 유행에 어울리지 않고 시대에 뒤떨어져 보이기를 추구하는 것)에 자만하는 교회들은, 의도적으로 최신 유행과 풍조를 쫓아감으로써 깊은 인상을 남기려는 교회들과 같은 것을 행할 위험에 빠져있다. 이 두 교회 모두는 그들의 초점을 외부에 둔다. 그리고 교회의 초점이 외부에 있을 때, 이것은 교회가 기쁘게 하고자 하는 대상이 사람이라는 것을 보여준다.

거룩을 추구하는 것은 외부적인 것들(정장 또는 슬리퍼와 같은)을 규정하는 것이라기보다는 교회가 하나님을 향해 가지고 있는 내적인 헌신과 사랑에 초점을 맞추고 있는 것이다. 하지만, 하나님을 향한 내적 헌신은 외부적인 행동과 옷차림에 반영될 것이다. 내적 거룩함은 본질적으로 밖으로 드러날 것이다. 그리스도인들이 내면으로부터 변화할 때, 다른 사람들이 그것을 알아챈다. 그리스도인들이 하나님의 일에 더 관심을 가질수록, 그들은 세상의 일에 별로 신경을 쓰지 않게 될 것이다(요한1서 2장 15-17절). 그리스도인 여성들이 하나님을 기쁘게 하고자 하는 소망을 품을 때, 그들은 그들의 옷차림을 더 정숙하게 하기를 원할 것이다(디모데전서 2장 9절). 다시 말해서, *거룩이 커지면, 세속화는 작아질 것이다.*

이렇듯이, 외적인 모습들은 상당히 중요하다. 예를 들면, 베드로는 경건한 여인들이 마땅히 드러내려고 하는 아름다움은 비싸고 화려하기만 한 옷으로 인한 외적인 아름다움이 아니라, 오히려 심령의 온유하고 안정된 내적인 아름다움이라고 주장한다(베드로전서 3장 3-4절). 바울은 심지어 단정하지 못하고 문제를 일으킬 소지가 있는 옷차림은 그 여인의 마음에 숨겨진 인격적인 아름다움을 보는 것을 방해할 수 있다고 암시한다(디모데전서 2장 9-10절). 그리스도인 여성이 옷을 어떻게 입을 것인지 결정을 할 경우, 그들은 그 동기를 먼저 살펴보고, 기쁘게 하고자 하는 대상이 누군지를 자문해 보아야 한다. 그리고 그들이 다른 사람의 어떤 관심을 끌고자 하는가? 그들의 외적인 아름다움인가, 그들의 내적인 아름다움인가?

지역 교회는 왜 '가장 앞서가는 교회'라고 일컬어지기를 바라는가? 이것은 잘못된 것에 주목하는 것이다. 오히려, 모든 교회가 가지고자 소망하는 명성은 *진리, 연합, 거룩* 중의 하나이다. 내적으로 회중 안에서 거룩의 최고경지를 추구하는 교회가 점점 더 세속화되어 가는 변화무쌍한 문화의 허영과 부합하는 외적인 모습을 추구하는 것은 합리적으로 보이지 않는다. *단지 우리가 허영의 시장에 살고 있기 때문에, 허영의 시장을 사랑하는 자들이 허영의 시장을 저버리도록 경*

고하기 위하여, 우리가 허영의 시장처럼 보여야한다는 의미
는 아니다.

동인들

다시 한 번 말하지만, *오해하지 말라!* 교회가 모든 문화적인
영향들을 피하거나 꺼리는 것이나, 외적인 미학에 대한 모든
관심들을 버려야 하는 것이 정답은 아니다. 이것이 불가능한
것은 아니지만, 이는 진짜 중요한 문제가 아니다. 예를 들면,
바울이 경건한 여인들에게 그들의 외적인 아름다움보다 그
들의 내적인 아름다움을 단장하는 것에 더 마음을 쏟아야 한
다고 권고했을 때, 그는 그들에게 이를 닦지 말라거나 외적인
모습에 대한 모든 관심을 없애야 한다고 권하지 않았다. 마찬
가지로, 교회 시설들의 외적인 미관, 멋있게 악기를 연주하는
것, 예배에 적합한 옷차림이 어울리는 자리가 있다. 하지만,
이러한 외적인 것들이 예수 그리스도의 복음을 무색하게 해
서는 안 되고 다른 사람들이 중요한 것, 즉 예수 그리스도의
복음을 보지 못하게 방해하지 않도록 해야 한다.

직업, 나이 등이 다른 성도들로 구성된 교회들은 당연히 다르게 보일 것이다. 시애틀에 있는 대형 교회가 미시시피에 있는 작은 시골 교회처럼 보일 필요는 없지만, 교회가 특정한 외적인 모습을 취하는 것으로 교회 자체를 특징지으려고 하지 않아야 한다. 카우보이 교회, 힙스터 교회, 화이트칼라 교회, 블루칼라 교회는 특정한 집단의 사람들을 좋아할 수도 있으나, 이렇게 특징짓는 것은 잘못된 것에 초점을 두고 있는 것이다.

그래서 여기서 진짜 문제는 마케팅과 브랜드화 이면에 있는 동인이다. 교회가 사람들의 육체적인 감각들에 호소하려고 하는 이유는 무엇인가? 교회가 그리스도를 영화롭게 하기 원하는가? 교회가 재미있는 것들을 원하고 다양한 감각적 체험으로 인해 자극되는 감각을 가진 사람들의 욕망을 자극하여, 더 많은 청중들을 얻으려 하는가? 왜 교회는 *의도적으로* (심지어 버려진 사람들에게조차) 문화적으로 저속한 것, 음란하고 금기시되는 것으로 알려진 형상들로 영광스러운 복음을 치장하려고 하는가? 또한 교회들은, 버려진 사람의 본성적 반역의 영을 불러일으켜서 보수주의자들, 근본주의자들, 전통주의자들을 분개시키려는 숨겨진 욕망으로 인해 그 동인이

교회가 귀찮아!

이끌려가지 않도록 주의할 필요가 있다.

문화적인 장벽을 돌파한다

다리를 놓고 사랑으로 접근하는 것은 필요하다. 하지만, 문화적인 장벽들을 뚫고 죄인들과 관계 맺는 최고의 방법은 사랑하고, 진실하고 겸손하게 분명한 복음을 전하는 것이다. 죄인들을 그리스도와 그의 교회로 이끄는 성경의 방법은 피상적인 마케팅 전략들에서 발견되지 않고 *진리, 연합, 거룩*이 드러나는 곳에서 발견된다. 교회 밖에 있는 사람들은 그들이 가지지 못한 것, 그들이 가지고자 하는 것, 그들이 필요로 하는 것, 스타벅스와 할리우드가 그들에게 주지 못하는 것을 교회 안에서 볼 수 있다. 그것은 예수 그리스도의 영광스러운 복음에서 오는 거룩이다.

진리와 거룩은 모든 사람과 관련이 있고, 모든 문화적인 장벽들을 초월한다. 사람은 보편적으로 그의 죄책에 대한 치료약을 구하고 있고, 복음이 더럽혀진 양심을 진짜로 치유하는 유일한 치료제이기 때문에 복음은 모든 죄인들과 연결될 수 있다. 이것은 교회와 그리스도인에게 좋은 소식이다. 교회는 카우보이들나 힙스터들에게 효과적으로 접근하고 그들을 이해하고 그들과 연결되기 위하여, 카우보이 교회나 힙스터 교회가 될 필요가 없다. 그리스도인은 괴짜들에게 증거하기 위하여 의도적으로 괴짜같이 보이지 않아도 된다. 또 도심 속의 효과적인 복음 전도사가 되기 위하여 잉크를 뒤집어쓰지 않아도 된다. 만약 여러분이 카우보이 부츠를 신었다면 괜찮다. 또한 만약 여러분이 슬리퍼를 신었다고 해도 괜찮다. 중요한 것은, 여러분의 외적인 모습으로 불필요한 주목을 받으려고 하지 않는 것이고 여러분이 모든 사람에게 사랑과 겸손으로 복음을 전한다고 확신하는 것이다. 만약 사람들이 여러분을 거절한다고 해도, 그것은 그들이 여러분의 외적인 모습으로 인해 불쾌하게 되어서가 아니라, 여러분의 주님으로 인해 불쾌하게 되었기 때문이다(요한복음 15장 20절).

결론

요약하자면, 교회는 완전히 사랑스러운 복음을 세속 문화에 더 매력적이고 받아들여지기 쉽게 하기 위하여 복음을 세속적 포장지로 다시 포장할 필요가 없다. 모든 참 교회의 구별 되는 특징은 교회의 시설들, 나이대에 맞는 행사들, 교회 음악의 색깔, 다른 부차적인 문제들은 아니다. 오직 *진리*이다.

문화에 접근하는 것은 좋은 목적이지만, 그것이 주된 목적이 되어서는 안 된다. 그렇게 될 때, 교회는 문화에 효과적으로 다가갈 수 없다. 타협한 증인은 세상이 제일 필요로 하지 않는 것이다. 오히려 성경은 교회의 목적이 거룩한 하나님을 추구하는 것이어야 한다고 가르친다. 교회가 (진리를 통하여) 하나님을 더 열심히 그리고 더 빠르게 좇아갈수록, 타락하고 세속적인 세계에서 교회의 영적인 빛은 더 밝게 빛날 것이다. 그리고 교회가 그리스도 중심이고 하나님의 전적인 뜻을 부끄러워하지 않을 때, 교회는 세상의 참된 빛이다.

1. 교회가 문화에 접근할 때, 교회는 그 목적의 초점을 어떻게 잃어 버리는가?

2. 여러분은 교회가 세상 문화에 더 매력적으로 보이기 위해 교회 의 진술을 약화시키는 것을 어떻게 생각하는가?

3. 교회가 사람에게 다가갈 때, 교회가 하나님 중심이어야 하는 중 요한 이유는 무엇인가?

4. 왜 거룩은 마음의 문제인가?

5. 왜 거룩은 외적인 행동에 영향을 주는가?

6. 모든 문화 활동들이 비도덕적인가? (좋지도 나쁘지도 않은가?)

7. 그리스도인은 부정적인 모습들과 인식들에 대하여 걱정해야 마땅한가?

8. 교회는 스스로를 문화적 유행을 따라가는 교회로 드러내 보이려고 애써야 하는가?

9. 각 지역 교회의 구별되는 특색은 무엇이 되어야 하는가?

제4장

◇◇◇

"행사들, 행사들, 행사들"
지역 교회의 활동들

교회의 목적이 진리, 연합, 순수함을 성숙시켜 가는 것이라
는 것을 고려할 때, 교회의 특별한 활동들과 역할들은 마땅
히 이렇게 넓은 범주의 목적들을 성취하는 것에 초점이 맞춰
져야 한다.

이전 장에서 주목했듯이, 많은 교회들은 여기서 잘못된
방향으로 갔다. 교회의 주안점은 성경의 목표들에서 완전히
벗어났고, 부차적이거나 그보다 더 좋지 않은 관심사들, 즉
사람 중심의 관심사들에 놓여 있다. 수적 성장이 일반적으로
제일 중요한 일이 되었다. 성경의 기초와는 관계없이 교회
좌석을 채울 수 있는 일은 무엇이 되었든 간에 일반적으로

채택되었다. 많은 교회들이 이렇게 행하면서 성경의 청사진을 버렸고, 그 대신에 실용주의, 상대주의, 상업주의, 고객 중심이 되었다.

'목적은 수단을 정당화시킨다'라는 식의 철학은 교회를 그어떤 것도 아닌 무기력한 단체로 격하시킨다. 가족과 분리된 특별한 연령별 활동들과 *개인의 역동적인 예배의 경험*은 반드시 마케팅한 그대로 전달되어야 한다. 이 미끼 상술 전략은 왜 이토록 인기가 있는가? 간단히 말해 이것은 이미 빡빡한 생활 방식 안에서 교회를 다니는 현대인들이 찾고 있는 것이기 때문이다. 유감스럽게도, 많은 사람들이 (교회의 크기와 상관없이) 교회 지체들의 연합과 그 회중들이 그리스도를 닮아가는 것과 함께 교회가 성경에 충실한 것 위에 기초하여 교회를 선택하는 것이 아니라, 제공되는 예배의 음악 형식과 행사들과 사회활동들의 가짓수 위에 기초한다. 사람들은 사회적 관계들을 쌓으려 하기에, 가장 많은 사람들이 다니는 교회에 끌린다. 부모들은 '자녀들에게 가장 좋은 것들'이 없어 보이는 교회를 선택하지 않는다. 그래서 교회 선택권들을 진열해 둔 시장이 열리고, 이 시장은 다음 세대에게 매력적인 수법들을 쏟아 놓는다. 이렇게 *교회를 찾는 사람에게 민*

교회가 귀찮아!

*감하게 반응하는 교회들*은 그들에게 필요한 것이 아니라 그들이 원하는 것을 제공하려 애쓴다. 이러한 교회들은 하나님을 기쁘게 하려는 노력을, 사람을 기쁘게 하는 덫으로 바꾸어 놓는다. 이러한 교회들은 사업과 같이 운영되기 때문에, 잘 팔리는 것이라면 무엇이든지 공급할 준비가 되어있다.

그렇지만 초대교회는 선포된 말씀, 교제, 기도에 초점을 두는 것으로 훨씬 더 간단한 접근방법을 가졌다(사도행전 2장 42절). 현대인들에게 이러한 접근 방식이 인상적으로 들리지는 않겠지만, 이것이 초대교회가 하고자 했던 것이다. 성경이 추구하는 이러한 것들에게서 초점을 완전히 거두고, 이를 다른 부차적인 관심사들이나 사람 중심의 관심사들로 대체하는 것은 명목상 기독교라는 결과만 가져올 뿐이다.

우리는 하나님을 올바로 예배하는 새로운 방법들을 만들어 낼 자유가 없다. 그 까닭은 이 새로운 접근 방식들이 감정적인 체험을 쉽게 만들기 때문이다. 우리는 우리가 알지 못하는 것을 진정으로 경험할 수 없고, 하나님께서 자신의 말씀 안에서 우리에게 스스로를 드러내시지 않으신다면 우리는 진실로 하나님을 알 수 없다. 경배, 경외, 순종, 찬송은 오

직 하나님의 말씀에 의해 조명된 마음으로부터만 온다. 하나
님의 말씀은 교회의 삶과 예배의 중심이다. 다시 말해서, 하
나님의 말씀이 부재한 곳에는 참 교회도, 참 예배도 없다.

이러한 이유로, 예배는 하나님께서 우리에게 자신의 말
씀을 전달하시기로 약속하신 신성한 수단으로 제한된다. 보
통 은혜의 수단이라고 알려져 있는 이 수단들은 하나님의 말
씀을 선포하는 것, 하나님의 말씀을 읽는 것, 하나님의 말씀
을 노래하는 것, 하나님의 말씀을 간절히 바라는 것, 의식들
안에서 하나님의 말씀을 보는 것, 하나님의 말씀을 중심으로
교제하는 것을 포함한다.

그러면 성경과 일치하는 지역 교회 활동들에는 어떠한 것
들이 있을까? 성경에 따르면, 교회는 단순한 다섯 가지 활동
들에 초점을 맞춤으로 진리, 연합, 순수함을 추구하면서 그
리스도를 영화롭게 하기 위해 모여야 한다.

교회가 귀찮아!

1. 교회는 설교를 통하여 하나님께 예배드려야만 한다

마틴 로이드 존스Martyn Lloyd-Jones는 설교하는 것이 교회의 *제1의* 임무일 뿐 아니라, 교회에 의해 행해지는 다른 모든 일은 설교를 보조하는 일이라고 확신했다.[5]

　그렇지만, 몇몇 교회들은 (음악이 우리의 정서에 영향을 미치는 힘 때문에) 찬양이 하나님을 예배하는 가장 효과적인 수단이라고 착각하고 있다. 결과적으로, 찬양에 주어지는 시간은 점점 더 늘어가고 있지만, 설교는 점점 더 짧아지고 있다. 40년 전, 마틴 로이드 존스는 교회가 설교에서 멀리 떠나왔다는 것에 주목했다.

　다음과 같은 일들이 분명하게 드러나고 있다. 설교가 축소되는 만큼, 다른 것들이 강조되어 간다. 그리고 이러한 것들은 꽤나 계획적으로 진행되었다. 이것은 설교하는 것을 방해하는 저항의 한 부분이고, 사람들은 의식과 형식과 절차에 더 큰 관심과 주의를 두는 것이 더 위엄 있는 것이라고

---

5) See Martyn Lloyd-Jones, *Preaching and Preachers* (Grand Rapids: Zondervan, 1972), 26.

느낀다. 더 나쁜 것은 교회의 공식예배 안에 영상들을 사용하는 것과 더 많은 찬양을 소개하는, 오락적 요소들이 여전히 증가하는 것이다. 말씀읽기와 기도가 급격하게 짧아지지만, 찬양에 더 많은 시간이 주어진다.[6]

회중 찬양이 예배에 필수요소인 것은 사실이지만, 예배의 주요한 부분은 아니다. 신약에서 *찬양하다, 찬양, 찬송, 노래들*이라는 단어와 비교하여 말씀을 *전하다, 설교, 가르치다, 가르침*이라는 말과 이와 관련한 말이 얼마나 많이 나오는지 보라. 설교는 그리스도께서, 그 사도들이, 초대교회가 신약 전반에 걸쳐 행했던 가장 주요한 활동이었다. *만약 교회들이 하나님을 어떻게 예배하는지에 관하여 성경의 청사진으로 돌아가기를 원한다면, 성경이 말하는 것과 같이 설교가 교회의 최고 높은 위치로 다시 되돌려져야만 한다!*

왜 교회들은 설교에서 그들의 관심을 거두어 찬양에 두는가? 보통, 찬양은 교회를 다니지 않는 사람들에게 즐거움을 주며 더 매력적으로 다가가기 때문이다. 만약 이러한 이유가

---

6) See Martyn Lloyd-Jones, *"Preaching and Preachers* (Grand Rapids: Zondervan, 1972), 16-17

아니라면, 음악이 예배자에게 아주 강력한 예배의 경험을 가져다줄 수 있기 때문이다. 일반적으로 감정은 지식 위에 놓인다. 정반대로, 성경과 일치하는 설교와 교리 설교는 많은 사람들에 의해 지루하고 따분한 것으로 여겨지고, 심지어 가책을 느끼게 하는 것으로, 그리고 참기 어려운 것으로 여겨진다.

반면에, 찬양을 부르는 것은 쉽게 즐길 수 있고, 흥이 나게 하고, 심지어 재미있다. 음악은 불신자들에게조차 예배의 신비스러운 체험을 가져다주는 힘을 가지고 있다. 회심하지 못한 사람들이 어느 정도 영적이라고 쉽게 느낄 수 있는 부분이 바로 여기에 있다. 더 역동적이고 더 긍정적인 감정들이 일어날수록 더 좋다. 음악에 맞추어 춤을 추면, 불신자들조차 역동적인 예배의 경험을 할 수 있다. 이 접근 방법이 교회 좌석들을 채우는 일을 더 잘 수행한다. 그러니 왜 바꾸지 않겠는가?

그러나 성경 전체 내용을 따르면, 음악의 힘을 통해 감정들을 자극하는 것이 아니라 성령님의 힘으로 인해, 생각에 정확하게 설명되고 마음에 적절하게 호소하는 하나님의 말씀으로 인해, 하나님께서는 가장 영광을 받으시고 성도들은 성숙된다. 올바른 교리를 깨닫게 하는 설교만이 아니라, 현실적인 호소로 마음을 꿰뚫는 설교이다. 설교는 하나님의 영광을 드러낸다. 그리고 설교는 하나님께서 잃어버린 자들을 구원하시려고 성도들을 거룩하게 하시려고 선택하신 가장 주된 수단이다(고린도전서 1장 18절, 에베소서 4장 11-15절). 깊은 설교는 깊은 예배를 만들어 낼 것이다.

2. 교회는 기도를 통하여 하나님께 예배드려야만 한다

교회의 두 번째 필수 활동은 개인기도와 공동기도이다. 교회의 존재와 존재 가치는 교회의 기도생활이다(마태복음 21장 13절). 기도가 거의 없다시피 하고 없는 교회는, 생명이 거의 꺼지다시피 하고 꺼진 교회이다.

기도가 없다. 그래서 교회들이 이렇게까지 힘을 잃는다. 기도가 없다. 그래서 설교"시간"에 이렇게까지 은혜가 거의 없다. 그리고 오늘날 현대교회에서 사람들이 듣는 것을 따분해 하는 것은 공동기도와 개인기도가 부족하기 때문이다. 기도는 천국에 꽂혀있는 연결전선과 같다. 전선 없이, 전력도 없다. 교회 좌석들은 주일 아침에 가득찰지 모르지만, 수요일 저녁 기도회 좌석들이 얼마나 텅텅 비어있는지 보라. 만약 교회가 진정 하나님을 의지하고 있다면, 교회는 설문 조사를 하는 것과 광고 회사들에 조언을 구하는 것을 멈추고 하나님 앞에 개인기도와 공동기도로 무릎을 꿇을 것이다(시편 127편 1절). 자, 만약 교회들이 기도의 중요성을 알고 있다면, 기도는 단지 좋은 활동이 아니다. 필수이다.

3. 교회는 교제를 통하여 하나님께 예배드려야만 한다

또한 사도행전에 초대교회의 주요한 활동들 중 하나로 그리스도인들의 교제가 목록에 올라와 있다(사도행전 2장 42절). 공동체 그리고 연합과 함께, 성경에서 말하는 교회의 목적들에 교제가 있다.

성경에서 말하는 교제는 성도들이 서로 영적인 교제를 하는 가운데 성령님께서 성도들에게 말씀사역을 하시는 것이다. 이는 성령님께서 한 성도를 수단으로 삼아 다른 성도에게 말씀사역을 하시는 것이다. 성령님께서는 모든 믿는 자들 안에 거하신다. 모든 믿는 자들 안에 계시는 성령님께서 그리스도인의 교제를 신성하게 하신다. 하나님을 향한 그리스도인들의 사랑과 다른 사람들을 향한 사랑은 그들의 교제와 영적인 대화 안에서 분명하게 드러나며, 성도들의 덕을 세운다. 성도들의 모임과 교제는 영적인 성장을 위해 성경이 제시한 수단이다. 이 방식으로, 영적인 교제는 은혜의 수단이고, 지역 교회는 교제를 등한시해서는 안 된다.

그럼에도 불구하고, 그리스도인의 교제는 많은 교회의 회중들의 우선순위에서 그 중요성을 잃은 것처럼 보인다. 이 교제는 주일 오전 예배의 5분 전 그리고 5분 후 정도가 오늘날 교회에게 충분한 것처럼 보인다. 그렇지만 그리스도를 둘러싼 영적인 교제는 신약의 모범을 따르려고 애쓰는 그리스도인들이나 교회들에 의해 등한시될 수 없다.

참 그리스도인들은 서로 사랑한다. 그들은 주님을 사랑하고, 그로 인해 주님을 그 마음에 모신 사람들 곁에 있고자 하는 소망을 갖는다. 그리스도인들은 주님이 필요하고, 그들 안에 주님을 모시고 있기 때문에, 그들은 서로가 필요하다.

교회가 귀찮아!

이러한 내적인 실재 이유로, 교회들은 그리스도인들에게 다른 그리스도인들과 외적으로 함께 지낼 수 있는 기회를 제공할 필요가 있다.

현실에서 교회들은 회중의 지체들이 서로 그들의 의무들을 수행할 기회를 가질 수 있게 하기 위해, 교제를 위한 충분한 시간을 만드는 것에 대해 논의해야만 한다. 성경은 교회 회중에게 서로 헌신하고 서로 사랑하는 것 등의 일들을 요구한다. 그렇지만 매 주일이나 주중 다른 날에 충분한 시간을 보내지 못하면 그들은 이러한 의무들을 모두 수행할 수 없다.

그러므로, 건강한 교회의 한 지표는 기도하는 것뿐만 아니라, 정기적인 영적 교제를 위해 충분한 시간을 제공하고, 이를 권하는 교회이다.

4. 교회는 의식들을 통하여 하나님께 예배드려야만 한다

교회는 성경의 두 가지 의식들을 위임받았다. 이 두 의식은 (1)신자의 침례와 (2)주의 만찬이다(고린도전서 11장 26절, 사도행전

2장 41절).

*침례*는 죄에 대한 회개의 공식 증언이고 주님께 하는 순종의 행동이다. 비록 침례가 구원의 필수는 아닐지라도, 하나님께서 새 사람이 된 그리스도인에게 명하신 이 첫 명령 안에서 주님을 따르길 바라는 강한 소망이 없다면, 한 사람이 진실로 다시 태어났다고 할 수 없다. 침례는 의지적 순종의 행동으로, 그리스도에 대한 공적인 고백과 같다(마태복음 10장 32-33절). 그리고 침례는 교회와 세상에게 내면의 근본적인 변화가 있다는 증거를 보이는 것이다. 또한 침례는 보이는 설교이다. 침례는 한 사람이 죄에 대하여 죽고 예수 그리스도 안에서 새 생명으로 부활이 실제 영적으로 일어났다는 사실을 증명한다.

*주의 만찬*은 그리스도의 죽음을 기억하는 것이다(고린도전서 11장 26절). 침례와 같이, 주의 만찬도 영적인 실제를 분명하게 드러내는 가시적인 설교이다. 주의 만찬은 그리스도의 죽음을 침례보다도 더 잘 묘사할 뿐 아니라, 그리스도와 그리스도의 백성들 사이의 영적인 교제를 보여준다. 주의 만찬은 그리스도와 그리스도의 백성이 한몸으로 연합되어 있는 방

식을 보여주기 때문에, 주의 만찬에 **참여함**이라 한다(고린도전서 10장 16절). 빵과 포도주에 참여하는 것이 어떻게 하나님의 백성들이 믿음으로 그리스도와 연합하고 교제하는지를 분명하게 드러낸다. 하나님의 백성들 전부가 빵과 포도주에 참여하는 것 또한 그들이 얼마나 동등하게 연합되어 있는지 보여준다.

5. 교회는 찬양을 통하여 하나님께 예배드려야만 한다

찬양으로 주님을 예배하는 것은 성령님께서 그리스도인들에게 소망을 불어넣으시는 것이다. 비록 앞에서 예배의 초점은 마땅히 선포되는 말씀에 맞춰져야 한다고 언급했을지라도, 하나님을 찬양하는 회중 찬송도 마땅히 축소되어서는 안 된다. 성경은 교회가 시편들과 찬송들과 영적인 노래들을 통하여 다른 사람을 일깨워 주라고 가르친다(에베소서 5장 19절, 골로새서 3장 16절). 노래하는 것은 그리스도를 향한 한 사람의 기쁨, 존경, 찬양의 가장 깊은 감정을 표현하는 아주 놀라운 수단이다. 그러므로, 건강한 예배는 하나님 말씀의 영광스러운 *진리* 안에 뿌리를 두고 진실하고 뜨겁게, 성령님께 이끌려 부르는 찬송들을 포함한다.

다시 한 번 더, 만약 교회의 목적이 영적인 진리, 연합, 순수함을 성숙시켜 그리스도를 영화롭게 하는 것이라면, 찬양으로 드리는 우리의 예배는 그 목적을 반영할 필요가 있다. 예배에 어떤 음악 형식이 이용되었는지 상관없이, 이러한 질문들에 대답할 수 있어야 한다. (1) 우리가 부르는 찬송가들의 가사가 교리적으로 건전하며 그리스도 중심인가? (2) 음악 형식이 형제, 자매들 간에 함께 참여하고 모이도록 촉진시키는가? (3) 우리가 예배하는 방식과 태도가 경건하고 거룩한가?

비록 오늘날 예배의 표현 방식이 영적으로 참신해질 수는 있을지라도, 거룩하신 하나님께 직접적으로 드려지는 예배는 절대 우리의 세속적인 문화에 이끌려 가서는 안 된다(레위기 10장 3절). 우리는 반드시 *세속주의*가 거룩의 정반대라는 사실을 기억해야 한다. 예배는 절대로 건성으로 드려져서는 안된다. 성경에서 몇몇은 진지하지 않게 예배를 드려서 죽임을 당하기도 했다(예를 들면, 레위기 10장 3절, 고린도전서 11장 30절).

결론

니름을 위한 질문들

교회 생활의 범주 안에 다른 활동들도 있겠지만, 그 중에 설교, 교제, 기도, 찬양, 의식들에 참여하는 것은 모든 활동들을 이끌어가는 것들이다. 그 까닭은 이러한 활동들은 하나님께서 주신 것들이기 때문이다.

1. 여러분은 대부분의 사람들이 교회 내에서 무엇을 찾고 있다고 생각하는가?

2. 여러분은 왜 교회들이 기꺼이 고객들의 수요들을 공급하면서 타협한다고 생각하는가?

3. 교회가 기쁘게 하고자 하는 대상은 누가 되어야 하며, 이것은 교회의 여러 활동들에 어떤 영향을 미치는가?

4. 무엇이 교회의 초점을 결정해야만 하는가?

5. 지역 교회의 주된 초점은 왜 설교가 되어야 하는가?

6. 교회의 기도모임의 참석률이 저조한 이유들은 무엇인가?

7. 지역 교회가 그리스도인의 교제의 주된 근원이 되어야 하는 이유들은 무엇인가?

8. 침례와 주의 만찬은 선택사항인가? 그렇다면 또는 그렇지 않다면, 그 까닭은 무엇인가?

비록 회중의 문화, 연령, 직업, 경제 상황이 교회 예배에 영
향을 주지만, 예배를 형성하는 주요한 특징은 교회의 신학이
다. 모든 교회는 하나님, 구원, 사람에 대한 신앙의 핵심 내용
들을 가지고 있다. 심지어 형편없고 조잡한 신학조차도 여전
히 신학이고, 각 교회의 신학은 교회의 예배를 형성한다. 로
마 가톨릭 예배는 *미사*에 중점을 둔다. 그 까닭은 가톨릭의
구원신학이 성사에 기반을 두고 있기 때문이다. 찰스 피니
Charles Finney의 신학은 말씀에 초점이 맞춰진 예배에서 감정이
이끄는 예배로 옮겨가도록 교회를 이끌었다. 그 까닭은 무엇
인가? 피니에 따르면, 구원은 감정적인 호소와 설득의 결과
였기 때문이다. 마찬가지로, 실용주의는 궁극적으로 **구도자**

를 *감각적인* 교회로 이끄는 신학이다. 그래서 고객의 요구들이 교회로 하여금 예배를 치료적인 교훈과 동기부여 해주는 가르침과 즐거움이 있는 형태로 바꾸도록 한다. 이머징 처치가 강조하고 있는 예배에서의 *창조성*은 절대적인 것들이 없는 변화무쌍한 신학에 입각한다. 여기서의 요점은 예배에 관한 한 신학이 중요하다는 것이다. 우리는 한 교회가 하나님을 예배하는 방법을 보면 그 교회가 하나님, 사람, 구원에 대해 믿고 있는 모든 것을 알게 된다.

이러한 이유로, 교회는 예배에 대한 올바른 신학을 반영하는 방식으로 예배를 드릴 필요가 있다. 만약 교회가 하나님을 예배하고자 소망한다면, 가장 먼저 *성경이 말하는* 예배가 무엇인가 하는 것을 교회가 아는 것, 바로 그것이 근본이다.

1. 예배는 하나님으로부터 시작한다

사람은 하나님의 계시를 떠나 하나님께서 받으시는 예배를 절대 드릴 수 없다. 그 이유는 예배는 하나님께서 자기 자신을 제일 먼저 사람에게 계시하신 결과이기 때문이다. 사람은 참 하나님께서는 어떤 분이시고, 경외하고 사랑하고 감사하는 마음을 주셨는지를 알게 된 후에야, 하나님께 진심으로 복종하고 자신의 삶을 헌신하고 찬양할 것이다. 하나님께서 예배를 시작하셨다는 의미는, 하나님에 대한 계시와 지식이 없는 곳에서는 하나님에 대한 진정한 예배도 없다는 것이다(요한복음 4장 22절). 반대로, 우리가 하나님에 대해 더 많이 알면 알수록, 우리의 예배는 하나님께 더 깊어질 것이다. 결국, 하나님께서는 사람이 *진정*으로 하나님을 예배하기 이전에, 반드시 자신을 먼저 드러내신다. 그러므로 예배는 언제나 하나님께서 자신의 말씀으로 자기 자신을 드러내신 진리에 대한 *반응*이다.

2. 예배는 그리스도를 *통해야* 한다

예배는 하나님으로부터 시작되고, 하나님께서는 오직 그리스도를 통해서만 자기 자신을 계시하시기로 선택하셨다. 하나님에 대한 우리의 지식은 하나님의 아들의 위격, 예수 그리스도를 통하여 우리에게 온다(고린도후서 4장 4절). 더욱이, 사람의 더러움과 자격 없음 때문에 예배는 반드시 그리스도를 통하여 하나님께로 돌아가야 한다(디모데전서 2장 5절). 주 예수 그리스도의 속죄 사역을 통하지 않고는 아버지께로 갈 다른 방법이 없다.

3. 예배는 진리 *안에* 있어야 한다

그리스도 예수님께서는 결코 성경에 있는 진리를 통해서가 아니면 자기 자신을 우리에게 알리시지 않으신다(로마서 10장 14-15절). 만약 예배가 하나님을 아는 지식의 결과물이라면, 예배는 반드시 성경의 진리에 뿌리를 두고 있어야 한다. 신학이 없는 예배는 우상 숭배이다. 믿음은 예배의 가장 중심에 있다. 그리고 예배자들은 반드시 하나님의 입에서 나온 모든 영감 된 말씀을 기준 삼아 살아야 한다.

4. 예배는 성령님*께서* 주관하신다

우리는 반드시 진리 안에서 예배드려야 한다. 그러나 진리가 결코 성령님의 조명하심에서 멀리 떨어져서는 마음을 꿰

교회가 귀찮아!

뚫을 수 없다(고린도전서 2장 10-16절). 그에 따라, 우리는 반드시 성령님 안에서 예배드려야 한다. 하지만 성령님께서는 성경으로, 성경 안에서, 성경을 통해 우리에게 말씀하신다. 만약 오늘날 교회가 성령님의 음성 듣기를 갈망한다면, 그 교회는 반드시 성경을 가르쳐야 한다. 성령님 안에서 드려지는 예배는 반드시 성경의 진리에 기초한다. 만약 예배가 하나님 앞에 받아들여지는 예배가 되려면, 이러한 이유 때문에 성령님께서 반드시 우리의 예배에 권능을 부여하셔야 한다.

5. 예배에는 거룩이 있다

성령님께서 조명한 진리가 예배자의 마음을 거룩하게 하고 변화시킨다(요한복음 17장 17절). 두려움, 사랑, 경배, 찬양은 하나님의 말씀으로 인해 정결케 된 마음에서만 나올 수 있다. 예배자의 생각과 마음이 반역과 자만에서, 복종과 겸손으로 바뀌었을 때 예배는 드려진다. 그렇지만 이 겸손과 헌신은 하나님의 말씀, 권능의 진리에 의해 영적으로 새로워지고 변화된 마음으로부터 나온다. 오직 예배자가 말씀에 의해 거룩하게 되어졌을 때, 예배자는 하나님께서 받으실 만한 예배를 드릴 수 있다. *거룩* 없는 예배는 헛되다.

6. 예배는 하나님께 드려진다

오직 변화된 후에, 예배자들은 자연스럽게, 자유롭게, 기꺼이 하나님께 자신들의 경외와 순종과 찬양을 드리고 하나님께 자신들을 예속시킨다(마태복음 16장 17절). 하나님의 위엄을 볼 수 있는 새로운 눈이 열린 후에, 예배자들은 오직 하나님만이 자신들의 모든 찬양을 받으실 분이라는 것을 보게 될 것이다. 예배는 하나님으로부터 시작한다. 예배는 하나님께로 다시 돌아가도록 되어있다. 이는 오직 하나님께만 영광이 속해 있기 때문이다.

성경으로 규정된 예배

앞에서 언급한 예배학에 기초하여 그리스도인의 예배를 규정하는, 성경적이고 보편적인 최소 여섯 가지의 원칙들이 있다(문화의 영향력을 초월하는 원칙들이다).

1. 예배는 반드시 하나님 중심이어야 한다

예배는 하나님께 얼마만큼 향해야 하고 하나님을 얼마만큼 기쁘시게 해야 마땅한가? 예배는 교회에게 얼마만큼 즐거움이 되어야 하며 얼마만큼 구도자들에게 민감해야 마땅한가?

성경에 따르면, 예배는 50% 대 50%도 아니며, 심지어 90% 대 10%도 아니라, 100% 신 중심이다(하나님 중심이다). 예배는 전적으로 하나님을 향해야만 할 뿐만 아니라, 하나님을 영화롭게 하는 경지에 이르기까지 성도들의 덕을 세우고 잃어버린 자에게 죄를 깨닫게 할 것이다. 사람 중심의 예배는 그리스도의 몸을 성장시키지 못하고, 죄인들에게 하나님의 존재 안에 있을 자격이 원래 없다는 것을 깨닫게 하지 못한다.

2. 예배는 반드시 말씀 중심이어야 한다

예배는 얼마만큼 말씀중심이 되어야 마땅한가? 그리고 예배는 얼마만큼 성령님에 의해 인도되어야 마땅한가? 다시 말해서, 예배는 지성에 있어 얼마만큼 객관적이고 규정적이어야 마땅한가? 예배의 얼마만큼이 마음으로부터 주관적으로 느껴지고 체험되어야 마땅한가? 예배의 인도자와 찬양팀은 음악의 박자와 형식을 가지고 회중의 감정들을 얼마만큼 불러

일으키려고 해야 마땅한가?

성경에 따르면, 교회는 반드시 영과 진리로 예배해야 한다
(요한복음 4장 24절). 의심할 여지없이, 예배는 객관적으로 진리
에 기반해야 할 필요가 있고, 마음이 느끼는 주관적인 느낌과
표현이 필요하기는 하지만, 교회는 예배를 주관적인 느낌들
과 다양한 '영적인 체험들' 위에 놓는 것이 아니라, 하나님의
규정된 말씀의 객관성 위에 고정시키라는 명령을 받았다.

ㄱ. 예배는 반드시 말씀에 의해 규정되어야 한다. 그 까닭
은 성령님께서는 말씀을 통하여 성도들에게 죄를 깨닫게 하
시고, 성도들을 위로하시고, 성도들에게 권능을 주시고, 성
도들을 거룩하게 하시기 때문이다. 즉, 성령님께서는 말씀
안에서, 말씀을 통하여 일하신다. 그리고 주관적인 느낌들은
반드시 하나님의 말씀의 객관적인 진리로부터 흘러나와야
한다(에베소서 6장 18절, 히브리서 4장 12절). 말씀은 마음을 찔러 쪼
개는 성령님의 검이다. 다시 말해서, 성령님께서는 하나님을
향한 믿음과 사랑과 헌신을 더 뜨겁게 하기 위해서 (성령님께
서 영감하신) 성경을 사용하시기로 선택하셨다.

ㄴ. 예배는 반드시 말씀에 의해 규정되어야 한다. 그 까닭은 교회가 성령님을 전할 수 있는 권위나 능력을 가지고 있지 못하기 때문이다(요한복음 3장 8절). 그러므로 교회는, 교회가 감당해야만 하는 책임, 즉 찬양하고 설교하고 의식들을 준수하는 것에 반드시 초점을 맞춰야 한다. 성령님의 권능이 임한 예배는 감정에 취한 분위기를 만들어 내거나 연출해내는 것으로 인해 드러나는 것이 아니라, 선포되고 찬양된 하나님의 말씀을 들음으로 드러난다.

ㄷ. 예배는 반드시 말씀에 의해 규정되어야 한다. 그 까닭은 성령님께서 우리에게 영적이고 주관적인 다양한 체험들을 살피고 분별하라고 주신 것이 말씀이기 때문이다(요한1서 4장 1절).

ㄹ. 예배는 반드시 말씀에 의해 규정되어야 한다. 만약 우리의 감정을 하나님의 말씀의 객관적 진리에 뿌리를 두지 않고, 우리의 감정이 그 말씀으로부터 흘러나오지 않는다면, 우리의 감정은 우리를 잘못된 방향으로 이끌어 갈 것이기 때문이다.

ㅁ. 예배는 반드시 말씀에 의해 규정되어야 한다. 그 까닭은 진리에 대한 지적인 이해 없이는 영적 성장도 없기 때문이다. 방언들에 대한 해석의 필요는 각 개인들에 의해 체험된 보기 드문 감정 표출이 회중 예배에서 영적 가치가 전혀 없기 때문이다. 영적 성장은 지성의 이해를 요구한다. 바울이 말하기를 우리가 우리의 영혼으로 찬양 한다면, "또 마음으로 찬송하리라"고 하였다. 예배에 관한 한, 지성의 참여는 필수이다(고린도전서 14장 16절).

경건한 감정들(예를 들면, 사랑, 찬양, 경배)은 말씀 중심의 예배에 대한 반응이다. 이러한 이유들로, 예배는 반드시 말씀 중심이어야 한다.

3. 예배는 반드시 거룩해야 한다

예배는 얼마만큼 신성해야 되고, 거룩에 있어서 얼마만큼 드러나야 마땅한가? 그리고 예배는 그 문화에 있어서 얼마만큼 세속문화에 영향을 받고, 세속문화화 되어야 마땅한가?

예배에 미치는 모든 문화의 영향들을 없애는 것은 불가능하더라도, 교회는 세속풍습들을 닮아가기 위해 의도적으로

교회가 귀찮아!

교회 예배를 형성해 가서는 절대 안 된다(특히, 거룩하지 않은 문화, 대중음악). 거룩한 사람들이 거룩하신 하나님께 드리는 예배는 예배의 본질, 예배를 드릴 때, 예배에 대한 마음자세 그리고 외적인 형식에서 항상 거룩해야 마땅하다.

예배는 그 본질 자체가 거룩하다

예배는 성령님에 의해 권한이 주어지고, 거룩하신 하나님께로 향한 경건하고 거룩한 행위이다. 즉, 예배학을 다시 살펴보면, 우리는 예배가 진리에 의해 거룩하여진 마음으로부터 비롯된다는 것을 배운다. 하나님께서 자신의 백성들을 그들의 문화배경 안에서 만나시고, 그들을 하늘에 거하시는 하나님의 존재에 들어가게 하는 진리로 거룩하게 하셨을 때, 예배는 드려진다. 다시 말해서, 예배는 그리스도 예수의 장막을 통하여 이 세상의 뜰을 떠나 지성소에 들어가는 것이다. 그러므로 예배자들이 하나님의 보좌를 향해 한 발 한 발 올라가는 만큼, 이 세상의 걱정들은 뒤에 남겨질 것이다.

예배는 드려질 때 반드시 거룩해야 한다

하나님께서는 사람들이 그 마음에 죄를 품고 있을 때, 그 사람들의 찬양을 받지 않으신다(시편 66편 18절). 하나님을 예배하고자 하는 사람들은 반드시 먼저 그들의 죄들을 인정하고, 자백하고, 회개한 후에 거룩하신 하나님께서 받으시는 방법으로 찬양을 올려드릴 수 있다(요한복음 5장 24절).

예배는 마음 자세에 있어서 반드시 거룩해야 한다

거룩하신 하나님의 존재 안으로 들어가는 것은 두려운 일이다(시편 5편 7절). 예배는 절대 가벼운 일이 아니다. 그 까닭은 우리가 한낱 사람의 존재에게로 나아가는 것이 아니라 초월적이고 거룩하신 하나님께로 나아가는 것이기 때문이다. 우리는 "하나님께서 받으시는 예배를 경건함과 두려움으로 드려야 한다"(히브리서 12장 28절). 우리는 크게 기뻐해야 하지만, 경외함으로 "크게 기뻐해야 한다"(시편 2편 11절). 그러므로 그리스도 예수를 마치 우리의 '고향 친구'와 같이 보고 행동하는 것은 이스라엘의 거룩한 하나님을 천대하는 것이다.

예배는 반드시 외적인 형식에서 거룩해야 한다

거룩한 모양과 하나님께서 받으시는 방식으로 하나님께 나아가지 않았기 때문에 (구약과 신약 모두에서) 몇몇 사람들이 죽었다. 교회는 최고로 거룩하게 예배하도록 부름을 받았다(시편 29편 2절, 96편 9절). 만약 예배의 외적인 형태가 중요하지 않았다면, 왜 하나님께서는 모세가 불붙은 떨기나무에 가까이 다가갔을 때 모세에게 그의 신을 벗으라고 말씀하셨는가?

그 문화에 더 효과적으로 접근하기 위해 예배가 문화적으로 상황화 되어야 할 필요가 있다고 생각하는 것은 잘못된 전제이다. 그 까닭은 상황화가 의미하는 것은 복음을 이해하기 쉽고 간결하게 만드는 것이 아니라, 건전한 세속 음악과 세련되고 멋진 예수와 유행을 따르는 의상들을 예배 안에 섞어버림으로써 복음을 사회에 더 매력적이며 흥미롭게 만드는 것이다. *예배가 더 세속화될수록, 세상이 더 예배할 것이라는 논리는 이렇게 흘러간다.*

그렇지만 문제는 참 예배는 절대로 세속문화를 즐겁게 하지 못한다. 믿지 않는 자들은 하나님을 예배할 수도 없고 예배하지도 못한다. 교회들은 회심하지 않은 자들이 오감을 자극하는 신비스러운 형식의 예배를 즐기도록 도울 수는 있지만, 그들을 하나님의 거룩하심 안에서 즐거워하며 크게 기뻐하도록 해줄 수는 없다.

오히려, 세상은 마땅히 하나님의 존재에 불편함을 느끼고 죄를 깨달아야 한다. 예배의 거룩이 과거의 고루한 청교도적인 관습들과 동일시될 필요는 없지만, 거룩은 하나님을 대항하는 반항과 불경건함, 그리고 이와 명백하게 관련된 문화인 할리우드와 신세대MTV(미국방송프로그램: 역자주)의 대중문화를 모방하고자 하는 바람 역시 포함하지 않는다.

경계선(거룩과 세속을 구분하는 선)이 어디인지 알고자 하는 사람들은 경계선의 끝에 얼마큼 가까이 갈 수 있는지를 알고자 하는 사람들이다. 그 대신, 교회는 마땅히 자신들의 예배의 세세한 모든 면에서 순수하길 소망해야 한다. 의심스럽거나, 공격적이거나, 음란하거나, 불안하거나, 다소 떳떳하지 못한 모든 것은 마땅히 피해야 한다(데살로니가전서 5장 22절).

주님께서 교회가 세상을 따르지 않도록 도와주시길 바라고, 하나님의 백성들이 성령님의 힘과 하나님의 말씀을 깨달아 순수하게 하나님을 영원히 예배하도록 도와주시길 바란다.

4. 예배는 반드시 물질적 요소에 초점을 맞춰서는 안 된다
영적 예배와 관련된 물질적 요소들을 어떻게 사용하는 것이 적절히 사용하는 것인가?

외적 요소들과 의식들은 옛 언약 시대의 예배에서 아주 필수적인 부분이었다. 장소, 희생 제물들의 쓰임, 성전, 성전의 기구들, 제사장의 의복들, 향과 다양한 다른 형태의 기구들이 예배에 사용되었다. 사실, 옛 언약 시대의 예배는 이러한 외적 요소들의 사용 없이 받아들여지지 않았다.

오늘날 로마 가톨릭 예배는 외적 요소와 밀접하게 관련이 있다. 예배를 원활히 드리기 위해, 가톨릭 교회는 대성당을 건축하였고, 성상들을 사용하고, 조각상들과 제단들을 세우고, 신부들을 제사장의 의복으로 꾸민다. 이러한 모든 요소들은 예배에 가시적이고 만질 수 있는 자리를 만드는 데 도움을 준다. 다른 감각들(예를 들어, 후각과 청각)을 사로잡기 위해, 가톨릭 교회는 향기로운 것에 반응하는 감각을 자극하는 향을 사용하고 초월적인 하나님을 주관적으로 암시하는 다양한 소리들을 사용해 오고 있다.

이와 유사하게 교회의 열린 예배는 예배에 다양한 감각이 드러나는 쪽으로 옮겨갔다. 희미한 조명, 향초들, 향내, 힘차고 소리가 큰 음악, 영상 그리고 그 외의 다른 시각적인 효과들은 육체가 감정적인 체험을 하도록 돕는다. 이러한 모든 요소들이 예배하는 자에게 상당한 돌풍을 일으켰다.

다른 한편으로, 참 예배는 육체적인 감각을 자극함으로 드려질 수 없다. 영적으로 드러난 진리로 의해 참 예배는 거듭난 마음에 밝게 비춰진다. 왜 예배는 육체적이기 보다 반드시 영적이어야 하는가? 그 대답은 간단하다. "하나님은 영이시니 예배하는 자가 영과 진리로 예배할지니라"(요한복음 4장 24절). 예배자들이 거듭나지 않고 믿음의 눈을 가지고 있지 않는 한, 그들은 하나님의 나라와 보이지 않는 그리스도를 볼 수 없다(요한복음 3장 5-8절, 히브리서 11장 1절). 그러므로 자연인은 보이지 않는 하나님을 예배할 수 없다.

영적 진리를 분별할 수 없는 사람들의 입장에서, 그들은 반드시 예배를 육체적 체험으로 바꿔야 한다. 올바른 교리의 진가를 알아보지 못하는 사람들은 반드시 단순한 감정적인 체험만 본다. 육에 속한 사람들은 반드시 만질 수 있고 볼 수 있는 것들로 육체적인 감각들의 자극하여 육에 속한 예배를 드린다. 존 오웬John Owen은 다음과 같은 방식으로 설명한다. "그러므로 어떠한 영광과 광채를 볼 수 없는 한, 자연인에게는 그 어떤 종교적인 예배도 기쁘지 않다. 어느 누구도 자기

교회가 귀찮아!

자신이 영적이지 않는 한, 영적인 예배의 영광을 보지 못한다."[7] 마틴 로이드 존스Martyn Looyd-jones는 다음과 같이 해석했다. "건물의 형태, 의식의 절차, 노래와 음악과 같은 예배의 측면에 더 많은 주의를 쏟으면 쏟을수록, 여러분이 가지고 있어야 할 영성이 떨어지게 될 가능성이 크다."[8]

의심할 여지없이, 참 예배는 건물들에서 드려지고 다양한 물질적 요소들, 예를 들어 찬송가, 설교단, 성경책을 이용하여 드려진다. 의식들도 물질적 요소들, 즉 물과 떡과 포도주를 회중 예배에 가져다준다. 하지만, 믿음(즉, 예배의 정수)은 그 자체를 외적인 요소에 중요성을 두지 않고, 영적인 요소와 진리에 무게를 둔다. 음악과 건물들이 예배를 원활하게 드릴 수 있도록 도울 수 있을지라도, 예배가 영과 진리로 드려지지 않는 한, 예배는 단지 육체적인 감각들을 자극함으로 인해 일어나는 감정적인 체험에 지나지 않게 된다.

---

7) John Owen, *Biblical Theology*, trans. Stephen P. Westcott, 1994. (Morgan, PA: Soli Deo Gloria, 2002), 665.
8) Martyn Lloyd-Jones, *Preaching and Preachers* (Zondervan, Grand Rapids, MI: 1972), 267.

5. 예배는 반드시 질서 있어야 한다

예배는 얼마만큼 질서 있어야 하는가? 예배는 얼마만큼 자유롭고 즉흥적일 수 있는가?

고린도전서 14장 26-33절에 따르면, 예배는 각 그리스도인들이 자신들이 원하는 대로 자유롭게 행하는 것과 같은 자유로운 행위가 아니다. 예배에 각 개인들이 이야기를 나누거나 신앙을 고백하는 적절한 시간이 있다. 그렇지만 성령님의 영향 아래서 조차도, 하나님께서는 그리스도인들이 예배의 알맞은 질서에 순종하도록 부르신다(고린도전서 14장 32절). 그 까닭은 함께 드리는 예배의 목적이 개인적으로 찬양을 하는 것이 아니라, 회중 전체의 덕을 세우기 위한 것이기 때문이다. 불필요하게 타인의 관심을 자신에게 향하도록 하는 것이나, 다른 사람의 예배를 방해할 수 있는 것들은 거절되어야 마땅하다. 성경이 예배의 구체적인 순서를 드러내지 않을지라도, 성경은 모든 것을 품위 있게 하고 질서 있게 하라는 말씀을 분명히 한다(고린도전서 14장 40절).

6. 예배는 반드시 회중 중심이어야 한다

예배는 음악적 편곡들, 악기들, 찬양 인도자들이 얼마만큼 비

교회가 귀찮아!

중을 차지해야 마땅한가? 예배는 회중찬송이 얼마만큼 비중을 차지해야 마땅한가? 그리고 현대 기독교 음악CCM을 부르는 것이 더 좋은가? 오래된 찬송가를 부르는 것이 좋은가?

　모든 상황들이 동일하다면, 500년 전에 작곡된 찬송가나 어제 작곡된 찬송가는 거의 아무런 차이를 만들지 않는다. 여러 세대에 걸쳐 그리스도인들에 의해 불리어진 찬송가들을 다시 부르는 것은 아주 멋진 일이다. 이것은 역사적인 교회와의 교리적 일치와 보편적 연합을 보여준다. 오랜 세월을 꿋꿋하게 버텨온 찬송가들이 경시되어서는 안 된다. 반대로, 새 찬송가들을 부르는 것 또한 교회에게 힘을 북돋아 준다. 성경과 일치하고 영적인 노래들을 작곡하는 재능은 아이작 왓츠Isaac Watts와 존 뉴턴John Newton과 함께 끝나지 않았다. 감사하게도, 많은 현대 기독교 음악들은 앞으로 다가올 많은 세대 동안 불리어질 것이다.

　실제 문제는 전통음악이나 현대음악 사이에 있는 것이 아니라, **찬양팀과 회중 찬송** 간의 우선순위에 있다. 음악, 악기들, 찬양 인도자들, 성도들의 무리에서 나오는 사람들의 목소리 중 어떤 것이 가장 두드러져야 마땅한가? 우리의 관심은 지속적으로 무대 위에서 연주되고 있는 음악을 향하고 있는가? 아니면 우리의 예배는 주로 우리 주변에 앉은 사람들의 찬양 소리들로 인해 도움을 받고 있는가?

성경에 따르면, 찬양을 부르는 것이 함께 드리는 예배의 필수 요소인 까닭은 우리의 감정을 자극하는 데 있어서 음악이 가진 힘 때문이 아니라, 성도들이 서로 성경의 노랫말로 즐거이 찬양하는 것으로 얻는 서로의 덕 세우는 일 때문이다(에베소서 5장 19절). 모든 악기들로 주님을 찬양하라. 그러나 하나님께 찬양을 올려 드리기에 가장 적합한 악기는 바로 사람의 목소리다. 영적 교제가 영적으로 유익한 것과 같이, 우리의 형제들과 자매들이 하나님께 찬양하는 것을 듣는 것이 가르침과 권면의 영적인 수단이다(골로새서 3장 16절). 우리는 우리의 형제들과 자매들이 하나님을 향한 그들의 사랑을 표현하는 것을 들을 때, 우리는 우리가 하나님을 사랑하는 일에 도움을 받는다.

우리가 개인 예배에 몰두하고 우리 주위에 있는 형제들과 자매들을 향한 우리의 의무를 잊을 때, 우리는 회중 예배에서 역할을 감당하지 않을 것이다. 함께 드리는 예배의 유

교회가 귀찮아!

익은 한몸처럼 함께 조화를 이루는 공동체의 하나된 찬양 소리에서 발견된다. 각 개인들이 개별적으로 예배를 드릴 때보다, 성도들이 한 영혼과 한마음으로 함께 예배를 드릴 때 하나님께서는 더 큰 영광을 받으신다. 공예배에 찬송을 다시 도입할 때, 지대한 영향을 미쳤던 벤자민 키치Benjamin Keach는 다음과 같이 말했다.

나의 형제들이여, 이것을 기억하라, '여호와께서 야곱의 모든 거처보다 시온의 문들을 사랑하시는도다'(시편 87편 2절). *그러므로 하나님께 드리는 공예배는 개인 예배보다 우선시 되어야 마땅하다.*

(1) 공예배는 보이는 교회가 반드시 존재해야 한다는 것을 가정한다. (2) 그리고 일반적으로 그들이 하나님을 예배하기 위하여 함께 모였다는 것을 가정한다.[9]

이것은 어떤 형식의 음악이 회중 예배를 최고로 이끌어 가는지보다는 전통 예배 또는 현대적 예배에 관한 것이다.

---

9) Benjamin Keach, *The Glory of a True Church* (Conway, AR: Free Grace Press, 2015), 77.

회중의 참여를 방해하고 공동체의 찬양 소리에서 초점을 빼앗아가는 모든 음악은 성경과 일치하지 않는다. 교회는 찬양 팀 없이 예배를 드릴 수는 있지만, 회중의 찬양 소리 없이 예배를 드릴 수는 없다.

이러한 이유로, 연주자들과 찬양 인도자(들)는 회중의 참여를 도와야만 한다. 그들은 그곳에서 큰 영향을 주려고 해서는 안 된다. 그들은 회중의 관심이 그들 자신을 향하도록 해서는 안 된다. 그들은, 자신들의 주된 목적이 자신들의 재능들을 드러내 예술적 독창성이 아니라, 오히려 함께 하나님을 찬양하고 그 목소리로 서로에게 덕을 세우도록 회중을 도와주는 것이 되어야만 한다는 사실을 지속적으로 떠올려야 한다. 침례 요한은 쇠하려 하였고 그로 인해 그리스도께서 흥하신 것 같이, 예배의 음악적인 측면을 원활하게 하는 사람들은 성도들의 목소리 뒤에 숨으려 해야만 한다. 연주자들과 찬양 인도자(들)가 회중 찬양을 뒷받침하고 있을 때만, 그들이 하나님을 예배하는 교회를 올바로 돕고 있는 것이다.

예배가 회중 중심일 때, 음악적 편곡들과 조명과 마이크들의 음량과 악기들은 공예배를 깔아뭉개기보다 공예배를 돕기 위하여 계획적으로 관리될 것이다. 재능이 있는 연주자들은 일반적으로 복잡한 편곡들을 선호한다. 그러나 보통 회중들은 찬양들이 익숙하고 다 알고 있을 경우에 더 큰 목소리로 찬양한다. 더욱이, 만약 회중이 찬양을 부르는 것이 성경의 우선순위라면, 교회의 각 지체는 목소리라는 악기를 통해 서로에게 말씀사역을 할 의무를 가진다. 시와 찬송과 신령한 노래를 함께 부르는 것은 성경의 명령이다.

7. 예배는 반드시 예배의 규정적 원리를 따라야 한다

예배에 있어서 성경의 방식은 무엇인가? 그리고 예배에 새로운 방식들을 도입할 때 교회는 얼마만큼 자유로운가?

예배에 확실히 규정된 방법이 있다. 기도, 설교와 가르침, 예배 시 말씀읽기, 찬양(시편, 찬송, 신령한 노래), 의식들(침례와 주의 만찬)의 집례이다. 오늘날 많은 것들, 즉 분향, 연극, 춤, 영상이 이 목록에 더해져왔다. 몇몇 사람들은 추가된 이러한 요소들이 예배를 원활하게 드리는 데 있어서 훨씬 더 효과적일 수 있다는 사실에 설득되어 있다. 하지만, 교회는 예배에 새로운 형식들을 도입할 자유를 가지고 있지 않다(레위기 10장 1-3절). 그뿐만 아니라 교회가 가지는 기도, 설교, 찬양, 의식들을 없앨 자유가 없다.

몇몇 사람들은 '뭐가 큰 문제냐?' 라고 묻는다. 자, 기도, 설교, 찬양, 의식과 같은 요소들만이 은혜의 수단으로서 교회에 주어진 규정적 의식들이다. '은혜의 수단'은 이 요소들이 하나님께서 그리스도의 몸을 세우기 위해 받으시고 참여하시고 사용하시겠다고 약속하신 예배의 방식이라는 것을 의미한다. '은혜의 수단'은 이 요소들이 하나님께서 그의 백성들에게 진리를 전달하시기 위하여 선택하신 거룩한 방법들이라는 것을 의미한다. 그렇지만 향초, 연극, 또는 추가된 다른 활동들(그것들이 얼마나 큰 재미를 주는지와 상관없이)은 은혜의 수단과 관련된 그 어떤 약속도 가지지 않는다.

게다가, 교회는 성경에서 말하지 않는 활동들을 성도들의 양심과 결부시킬 그 어떤 권한도 가지지 않는다. 교회가 회중에게 가정학습을 강요할 성경의 권한을 가지고 있지 못한 만큼, 교회는 하나님의 백성들로 하여금 예배와 관련하여 추가된 활동들에 참여시킬 권한을 가지지 못한다. 오히려 예배에 새로운 방식을 더하려고 하기보다, 교회는 규정되어 온 예배를 드리고, 잘 드리도록 애써야 한다. 오래 전 제레미야 버러우즈Jeremiah Burroughs가 다음과 같이 단언했다. "하나님께 예배 드릴 때, 오직 하나님께서 명령하신 것들을 제외하고 하나님께 올려드릴 것은 단 하나도 없다. 하나님께 드리는 예배에 우리가 건드리는 것이 무엇이 되었든지 간에 우리는 하나님의 말씀에 비추어 근거를 반드시 가지고 있어야 한다"[10]라고 단언하였다.

성경은 우리가 어떻게 하나님을 예배해야 하는지에 대해 많은 것을 말하고 있다. 만약 우리가 예배에 있어서 하나님을 기쁘시게 하려고 한다면, 우리는 하나님께서 규정 지어놓으신 방법대로 온전히 예배드리도록 노력해야 한다.

10) Jeremiah Burroughs, *Gospel Worship* (Morgan, PA: Soli Deo Gloria, 1990, reprint 1648), 11. It must be noted too, that there is a difference between using Powerpoint for worship lyrics and using it to create a seeker-sensitive, media packed service. Let Christ through the Spirit and the Word increase; for that to happen today, surely much needs to decrease

1. 우리는 교회가 예배를 드리는 방식을 관찰함으로써 교회가 믿고 있는 것에 대해 어떻게 배울 수 있는가?

2. 우리는 진정한 예배를 드릴 수 있는가? 그 이유는 무엇인가?

3. 예배가 그리스도를 통하여 중재되어야만 하는 이유는 무엇인가?

4. 그리스도께서, 우리는 반드시 진리 안에서 예배를 드려야 한다고 말씀하셨을 때, 그리스도께서 뜻하신 것은 무엇인가?

5. 성령님께서는 어떻게 예배를 가능하게 하시는가?

6. 우리는 거룩함 없이 예배를 드릴 수 있는가?

7. 예배는 하나님께 얼마만큼 향해 있어야 마땅하고, 얼마만큼 기쁘시게 해야 마땅한가? 그리고 예배는 교회와 구도자를 얼마만큼 즐겁게 해야 하는가?

8. 예배는 얼마만큼 말씀에 의해 인도받아야 마땅하고, 얼마나 성령님께 이끌려야 하는가?

9. 예배는 얼마만큼 신성해야 마땅하고, 예배에 얼마만큼 거룩이 드러나야 마땅한가? 그리고 예배는 얼마만큼 상황의 영향을 받아야 하고, 얼마만큼 세속문화화 되어야 하는가?

10. 영적인 예배의 가시적인 요소들을 어떻게 올바로 사용할 수 있는가?

11. 여러분은 현대 예배의 많은 부분이 물질적 요소에 초점을 두고 있다고 생각하는가?

12. 예배는 얼마만큼 음악적 편곡, 악기들, 찬양 인도자들이 중심이 되어야 마땅한가? 그리고 예배는 얼마만큼 회중 찬송이 중심이

되어야 마땅한가?

13. 예배는 얼마만큼 질서 있어야 마땅하고, 예배는 얼마만큼 자유
    롭고 즉흥적이어야 하는가?

14. 주일 오전 예배에 연극은 무방한가?

THE CHURCH
Why Bother?

제6장

◇◇◇

"드라이브-스루 회중됨"
지역 교회의 회중됨

하나님께서는 자신의 백성들을 지역 교회의 활동적이고 신실한 회중의 지체들로 부르신다. 교회에 가는 것이 그리스도인의 주간 일정에 억지로 끼워 넣어진 것이 아니라, 오히려 이것은 그리스도인의 삶의 본질적인 활동이고 핵심이다. 오락거리, 취미들, 직업 그리고 때로는 가족조차 성도들이 모여 하나님께 예배드리는 것에 비하면 부차적인 것이다. 다시 말해서, 그리스도인들은 교회의 삶을 중심으로 그들의 일정들을 조정해야만 한다.

교회에 가는 근본적인 이유는 더 나은 부모, 더 나은 배우자, 더 나은 동료, 더 나은 시민이 되기 위한 것이 아니라, 하나님을 예배하기 위한 것이기 때문이다. 삶의 여러 문제들에 보다 현명하게 대처할 수 있는 기술들을 얻기 위한 목적으로 교회에 가는 사람들은 교회의 목적을 잘못 이해하고 있다. 물론, 교회는 삶의 모든 영역에서 그리스도인들을 도울 것이지만, 그리스도인의 궁극적인 목표는 자기 자신, 직업이나 가족이 아니라 하나님이다. 그리스도인들은 하나님께 영광 돌리기 위해 교회에 가야만 한다. 그리고 만약 하나님께서 그리스도인의 삶의 중심(그리스도인 가정의 중심)이 되신다면, 교회는 그리스도인의 모든 시간 계획에 있어서 중심이 될 것이다.

하지만 안타깝게도, 이것은 많은 자칭 그리스도인들에게 있어서 너무 지나친 것으로 보인다. 그들은 예배가 자신들의 삶의 다른 모든 활동들보다 우선해야 한다는 것을 인정하지만, 여전히 *다른 그리스도인들과 동떨어진 채* 자신들의 집에서나 숲속을 *혼자 거닐며* 개인적으로 하나님을 잘 예배할 수 있다고 생각한다. 그들이 *함께* 모여서 예배드리는 것만큼 말이다.

교회가 귀찮아!

세속문화, 개인주의

포스트 모더니즘의 개인주의 특성과 개인의 자유는 오늘
날의 기독교를 회유해 왔다. 오늘날 포스트 모더니즘 성도
는 일반적으로 그리스도인의 삶을 그리스도의 몸과는 별개
로 바라본다. 그리고 교회를 출석하려고 할 때, 한 사람의 개
인적인 성격 그리고 각 개인들이 원하는 것들과 맞는 교회
의 고유한 분위기는 반드시 이와 비슷한 사람을 만족시킨다.
'젊고 활동적인 사람들'은 유행에 가장 앞서가는 교회를 찾아
나선다. 어르신들은 전통예배를 찾아 나선다. 부모들은 아이
를 봐줄 수 있는 교회를 찾아 나선다. 젊은이는 재미있는 활
동들을 찾아 나선다. 미혼자들은 '사랑'을 찾아 나선다. '자신'
의 안경을 통해 교회를 보는 것은 사람들로 하여금 교회가
그들의 개인적인 기대들에 얼마만큼 일치하는지에 근거하
여 교회를 평가하도록 이끈다.

많은 교회들은 이러한 종류의 개인주의에 맞추어 나가는
것으로 이 문제를 해결했다. 사람의 자유로운 영혼을 만족시
키기 위해서, 개인주의는 공동체보다 우위에 올려졌다. 그리
고 사람들이 그들 자신만의 개인적인 '체험'을 경험할 수 있

는 분위기를 조성하는 것은, 교회 입장에서 교회의 교리의 기준들과 고백들을 유지하고 증진시키는 것보다 더 중요한 것이 되어왔다. '교회'는 사람들이 서로에게 갖는 책임이 있고 성경을 가르치는 장소가 아닌 '영적인 체험'을 하는 장소가 되어왔다. 교회가, 그 어떤 책임감도 느끼지 않은 채, 차를 타고 입장하여 음식을 먹고 유유히 나가는 패스트푸드 식당과 같은 곳이 되어가고 있다.

물론, 이러한 종류의 개인주의는 교회의 회중됨을 약화시키고 있다. 책임감에 대해 회의적인 견해를 가지고, 그리스도인들은 교회의 *회중이 되는 것*을 선택이라고 믿기 시작해왔다. 다시 말해서 *회중됨*은 좋은 일이긴 하나, 성경에서 필수라 말하지 않는다고 믿기 시작해왔다. 많은 사람들이 평생 동안 이 교회 저 교회 옮겨 다니거나 그저 집에 머물러 있는 것에 만족한다. 다른 선택은 자신들만의 방법으로 하나님을 예배하기 위하여 숲속으로 향하거나, 교회에 출석은 하지만 절대로 회중이 되지 않는 것이다.

사람들이 교회에 가입했을지라도, 그들에게 헌신과 신실함이 남아있을 것이라는 기대는 할 수 없다. 더 이상 사람들

교회가 귀찮아!

은 교리의 오류나 성경의 중요한 문제들 때문에 교회를 떠나지 않고, 그들은 길 끝에 있는 '다른' 교회로부터 오는 아주 흥미로운 것에 대한 이야기를 듣기 때문에 그렇게 한다. 오히려 그들은 자신들의 교회에 충실하다기보다, 재미있게 놀 수 있는 번화가로 열심히 내달린다. 새로운 교회가 가져다주는 새로운 흥밋거리들이 지루해지지 않았어도, 그들이 상처를 받는다면 그들은 또 교회를 옮길 것이다. 포스트 모던주의자는 아주 사소한 이유로 손쉽게 회중을 바꾸는 경향이 있다. 그리스도인들이 교회에 충실하고 사랑과 겸손으로 자신들의 차이를 해결하려고 노력하는 시절은 지나갔다. 유오디아와 순두게를 향한 바울의 충고, "같은 마음을 품으라"(빌립보서 4장 2절)는 말씀은 더 이상의 가치가 없다. 지금 우리는 "당신은 당신에게 알맞은 교회를 찾아야 한다"는 소리를 듣기 때문이다.

나는 이 개인주의가 완전히 새로운 것은 아니라고 생각한다. 위대한 신학자인 존 오웬John Owen은 16세기 말에 교회를 이리 저리 옮겨 다니는 사람들에 대해 탄식했다.

또, 우리는 그들의 행태에 대하여 조금도 찬성하지 않는다. 그들은 스스로 교회의 부족함으로 인해 즉시 공동체를 떠나야겠다고 판단한 자신들의 판단을 충분히 정당하다고 생각한다. 도리어, 우리는 그들 자신의 추측들과 오해들로 일어난 일들 안에서 괴로워하는 그들을 책망한다. 이는 그들 자신의 어설픈 개념들로 모든 교회의 행정들과 공동체의 규칙으로 삼으려는 것과 비슷한 것일 수 있기 때문이다. 그리고 모든 일에 만족하지 않는 한, 그들은 그 어디에서도 조용할 수 없다.[11]

이러한 종류의 독립은 비통한 것이다. 그 까닭은 하나님의 말씀의 진리와 형제들의 연합에 반하는 것이기 때문이다. 비록 모든 그리스도인들이 개인적, 인격적으로 그리스도와 관계를 가질지라도, 그들은 또한 하나님의 백성들의 공동체와 관계를 맺으며 신앙생활을 하도록 하나님께 부름을 받았다. 성도들을 그리스도께로 연합시키시는 동일한 성령님께서 성도들을 서로 연합시키신다. 그리스도를 사랑하는 것은 그리스도의 백성을 사랑하는 것이고, 그리스도께 순종하는 것은 지역 교회에 순종하는 것이다.

---

11) John Owen, *Discourse on Christian Love and Peace:* The Works of John Owen vol. 15, (Edinburgh: Banner of Truth, 1998), 96.

좋은 교회로부터 아주 멀리 살고 있는 몇몇 그리스도인들은 집에서 다른 성도들과 함께 녹음된 설교를 듣는 것 외에는 다른 대안이 전혀 없을 수 있다. 그러나 얼마 동안만이다. 그리스도인은 장기적인 해결책으로서 절대로 이 대안에 만족하지 못한다.

우리가 앞으로 다룰 내용과 같이, 그리스도인의 삶은 지역 교회의 신실하고 활동적인 회중됨으로부터 단절된 삶이 아니다.

영적인 접합제, 교회의 회중됨

성경은, 성도들이 중생함으로 그리스도와 연합할 때 그들이 한몸으로 *서로* 연합된다는 것을 가르친다. 이 연합은 한낱 상징이나 가설이 아니라, 모든 그리스도인이 열매를 맺는 일을 행하고 올바로 행하는 데 목적이 있다. 그리스도인들은 서로 단절되어서는 제대로 기능을 할 수 없는 방식으로 함께 뒤얽혀 있다(고린도전서 12장). 결론적으로, 그리스도인이 그리스도의 몸의 나머지 부분들과 떨어진 채로 작동하면서 하나님을 기쁘시게 할 수 있다는 개념은 교만한 오해일 뿐만 아니라 그것은 불가능하다.

우리의 영적 연합 때문에, 그리스도인들은 내적인 힘에 이끌려 한데 모이게 된다. 그들은 서로 사랑하고, 서로를 돌보고, 함께 모였을 때 천국에 가장 가까이 있다고 느낀다. 과거의 박해, 고통, 여러 가지의 위협들은 그리스도인들이 정기적으로 모이는 것을 멈추게 할 수 없었다. 옛 그리스도인들은 종종 숲속, 들판, 어두운 은신처나 동굴에서 만났다. 그들은 어려운 상황들 속에서도 먼 거리를 이동하는 것을 꺼리지 않았다. 그들이 알았던 전부는 그들이 구주 예수 그리스도를 사랑했고, 살아계신 하나님을 함께 모여 예배하기 위하여 형제들과 만나기를 소망했고, 성도의 교제를 즐거워했다는 것이었다.

더구나, 신약은 그리스도인들이 지역 교회들의 회중의 지체들이라는 전제 아래 기록되었다. 사실, 신약은 단절된 개인들이 아니라, 1차로 교회의 회중들에게 쓴 것이다. 많은 부분에 있어서, 신약은 초대교회의 역사이다. 그러므로 지역 교회에서 떨어져 나와 하나님을 홀로 예배하려고 하는 것은, 성

교회가 귀찮아!

경의 가르침을 따르길 거부하는 것이다. 제임스 배너맨James Bannerman은 다음과 같이 이해했다. 다음은 그의 진술이다.

홀로 하나님과 있을 때, 나는 마치 성경이 다른 사람들로부터 뽑히고 분리되어 혼자 있는 나 자신에게 주어지는 말씀인 것처럼 성경을 알 수밖에 없었고 나는 말씀을 받아들이거나 거부할 개인적인 책임감을 가지고 있다고 느꼈다. 그러나 성경은 여기서 멈추지 않는다. 성경은 하나님과의 관계 안에 있어서 홀로 있는 존재로 사람을 다룰 뿐만 아니라, 예수 그리스도의 이름으로 함께 모인 영적인 공동체의 한 회중의 지체로서 사람을 다룬다. 성경은 다른 그리스도인들과 상관없이 그리고 그들과 떨어져서 그리스도인들 각자가 단지 믿어야 하는 교리들의 체계, 지켜야 하는 규칙들이 아니라, 그리스도인들의 공동체에 적합하게 계획되고 맞추어진 교리들의 체계이고 규칙들이다.[12]

---

12) James Bannerman, *The Church of Christ* (1869; Edinburgh: Banner of Truth Trust, 1974), 1:2.

교회의 회중됨의 필요성

찰스 스펄전Charles Spurgeon은 그리스도인들이 지역 교회의 몸에 순종할 필요가 없다고 잘못 생각하는 사람들을 향해 교회의 회중됨의 필요성을 다음과 같이 설명했다.

나는 다음과 같이 말하는 몇몇 사람들이 있다는 것을 알고 있다. "자, 나는 하나님께 나를 드렸지만, 어떠한 교회에게도 나 자신을 내어줄 생각이 없다." 나는 "왜 안 되죠?"라고 묻는다. 그러면 그들은 "그 까닭은 그렇게 하지 않아도 나는 좋은 그리스도인이 될 수 있기 때문이다"라고 답한다. 나는 다음과 같이 묻는다. "당신은 그것에 대해 확신할 수 있습니까?" 그리스도의 명령들에 불순종하면서, 그 명령들에 순종하는 그리스도인보다 더 좋은 그리스도인이라 할 수 있는가? 나는 당신이 그리스도께서 당신을 구원하신 목적에 합당하지 않다고 생각한다. 당신은 그리스도께서 당신에게 살아가라고 하는 삶과 반대로 살아가고 있고 당신은 당신이 행한 불법에 해당하는 비난을 많이 받을 것이다.[13]

---

13) Tom Carter, *Charles Spurgeon at His Best* (Grand Rapids: Baker, 1988), 34.

하나님과 하나님의 백성들을 향한 마음을 가진 사람들은 만남을 위한 다른 이유를 필요로 하지 않는다. 그러나 오늘날 교회 상황들과 관련하여, 지역 교회에 공식적으로 참여하는 것이 성경적으로 필요한 것이라는 몇 가지 덧붙여진 이유들이 있다.

1. 그리스도께서는 성도들을 위하여 교회를 세우셨다. 자기 자신을 하나님보다 더 지혜롭다고 보는 것을 피하길 바란다(마태복음 16장 18절).

2. 지역 교회, 회중됨 밖에서 순종할 수 없는 성경의 명령들이 있다.

   ㄱ. 밖에 있는 사람은 다스리는 장로들에게 순종할 수 없다(히브리서 13장 17절, 디모데전서 5장 17절).

   ㄴ. 밖에 있는 사람은 주의 만찬에 온전히 참여할 수 없다.

   ㄷ. 밖에 있는 사람은 공예배를 위해 다른 그리스도인들과 함께 모일 수 없다(골로새서 3장 16절).

3. 그리스도인들은 서로 의존한다(고린도전서 12장).

4. 교회는 성화의 수단이다(에베소서 4장 11-13절). 그러므로 교회를 도외시하는 것은 영혼을 돌보는 것을 게을리하

는 것이다.

5. 함께 모이는 사람들에게 약속된 복들이 있다(마태복음 18
장 19-20절).

6. 성경은 우리에게 지역 교회를 저버리지 말 것을 명령한
다(히브리서 10장 25절).

7. 지역 교회는 하나님께 영광을 드린다(에베소서 3장 21절).

교회 회중됨의 중요성

교회 회중됨은 우리의 이름을 교회의 자리에 올리고 이에 더
하여 우리의 연락처와 사진을 교회의 안내 책자에 올려놓는
것 그 이상이다. 교회 회중됨은 우리가 하나의 특정한 교회
를 새로운 교회로 여기겠다는 외적인 고백 그 이상이다. 진
실된 헌신들과 엄중한 책임들이 교회 회중됨에 수반된다.

만약 우리가 아무 생각 없이 이 교회 저 교회를 옮겨 다니
고 우리의 회중됨을 이곳저곳으로 옮긴다면, 이것은 교회의
회중됨이 우리에게 의미하는 바가 거의 없다는 것을 드러내
는 것이다. 싫으면 그만한다는 사고방식의 이면에 무엇이 있

는가? 좋아하는 영화관을 선택하는 것과 동일한 방식으로 교회를 선택하려는 관점이 있다. 교회의 예배는 단지 많은 관중들이 보는 운동 경기에 불과한 것이 되었다. 아무런 조건 없이 일요일마다 가는 또 다른 여가 활동 장소이다.

그리스도께서 교회를 위하여 죽으셨다는 사실이, 회중됨을 일요일 아침마다 출퇴근 도장을 찍는 일 이상으로 높였다. 회중됨은 그리스도 안에서 함께 연합되고, 하나님을 예배하고 하나님의 진리를 널리 전파시키는 것에 헌신한 성도들의 몸으로 있어야만 한다. 교회는 서로 사랑하고, 서로에게 순종하고, 서로 돌보고, 다른 사람이 영적으로 성장하도록 돕는 궁극적인 목적을 위하여 서로에게 헌신하라고 부르심을 받았다.

그러므로, 교회에 가입하는 것은 교회의 이러한 역할들과 목적들을 수행하기 위한 의무이다. 교회 가입은 교회의 보살핌 아래, 사역자들의 목회 아래 자기 자신을 두고자 하는 자발적인 갈망이다. 그리고 이 가입은 스스로 말씀사역에 신실하게 참여하고 지속적으로 지지하기로 결정하는 것이다. 그리고 이것은 교회의 몸 안에서 다른 사람의 영적인 행복을 위해 스스로를 책임감 있는 존재로 만드는 것이다.

교회 회중됨의 책임들과 특권들

모든 그리스도인은 하나님께서 교회에게 주신 영적인 은사에 참여하고 영적인 은사를 나눌 책임과 특권 모두를 가진다. 모든 그리스도인들은, 그리스도의 온 몸의 영적인 성장을 돕기 위한 목적으로(에베소서 4장 16절) 그리스도의 몸에 접붙여지고, 성령님으로 인해 개별적으로 은사를 받는다(로마서 12장 6절).

하나님께서는 그 몸의 각 회중의 지체가 서로 의존하는 방식으로 교회를 계획하신다. 어떤 부분에서 시계와 비슷해서 모든 부분이 적절히 기능하기 위해 필요하다. 마찬가지로 그리스도의 몸의 각 지체는 함께 그 몸 전체를 성장시키고 덕을 세우기를 위하여 필요하다. 그래서 그리스도인들은 서로를 필요로 한다. "눈이 손에게 너는 내게 쓸 데가 없다"고 말할 수가 없는 것 같이, 그리스도인들은 서로가 필요하지 않다고 말할 수 없다. 혼자 하는 것은 마치 발이 스스로를 몸에서 잘라내어 혼자서 깡충 뛰어 천국에 들어갈 수 있다고 생각하는 것과 같다.

그리스도의 몸의 각 지체가 하나님께 각자 다른 은사를 받았다는 것은 우연이 아니다. 이 영적인 선물들은 마땅히 별개의 자가소비로 낭비되어서는 안 된다. 성도의 교제를 하지 않고, 그리스도의 몸에 소극적인 태도를 취하는 그리스도인들은 하나님께서 그들에게 베푸신 큰 은혜를 오용하는 것이다.

그리스도의 몸의 각 지체에게 주어지는 유익은 아주 많다. 발이 할 수 있는 전부는 몸이 걸을 수 있도록 돕는 것이고, 대신에 발은 눈이 볼 수 있도록 돕고, 손이 일을 할 수 있도록 한다. 생명을 주는 머리, 예수 그리스도께 붙어있는 몸의 나머지 부분은 몸이 어떤 것도 부족하지 않은 완전한 사람이 되도록 돕는다. 하나님의 이러한 은사들은 그리스도의 몸의 덕을 세우기 위하여 고안되었기에, 보이고 분명하게 실재하는 유일한 그리스도의 몸, 즉 지역 교회는 그리스도인들이 그들의 은사들을 행사할 수 있는 유일하고 적절한 자리이다(로마서 12장, 고린도전서 12장).

한 사람의 영적인 은사(들)를 행하는 것 이외에도, 교회 지체들의 추가적인 책임들과 특권들이 있다.

Ⅰ. 하나님을 향한 책임들

1. 침례를 받으라(사도행전 2장 38절).

2. 규칙적으로 주의 만찬에 참여하라(고린도전서 11장 24절).

Ⅱ. 서로에 대한 책임들

1. 적극적으로 서로를 사랑하라(베드로전서 1장 22절).

2. 적극적으로 책임을 져라(야고보서 5장 16절, 갈라디아서 6장 1절).

　ㄱ. 서로에게 순종하라(에베소서 5장 21절).

　ㄴ. 서로 덕을 세우라(데살로니가전서 5장 11절).

　ㄷ. 서로 권하라(히브리서 3장 13절, 히브리서 10장 25절).

　ㄹ. 서로 책망하라(로마서 15장 4절).

　ㅁ. 권징을 받는 경우, 권징을 따르라(데살로니가후서 3장 14-15절)

3. 적극적으로 서로 교제하라(요한1서 1장 7절).

4. 적극적으로 서로 돌보아라(고린도전서 12장 24-26절).

5. 적극적으로 참여하라(히브리서 10장 25절).

6. 적극적으로 말씀사역을 지지하라(고린도전서 9장 11절).

7. 적극적으로 기도하라(야고보서 5장 16절).

III. 교회의 사역자들과 지도자들을 향한 책임들

1. 그들을 존경하라(디모데전서 5장 17절, 데살로니가전서 5장 12-13절).

2. 그들에게 순종하라(히브리서 13장 17절).

3. 그들을 지지하라(디모데전서 5장 17-18절, 고린도전서 9장 9-11절).

4. 그들을 위해 기도하라(데살로니가후서 3장 1절).

5. 그들을 향한 비난은 더디게 하라 (디모데전서 5장 19절).

IV. 불신자들 또는 교회 밖에 있는 자들을 향한 책임들

1. 그들을 위해 기도하라(디모데전서 2장 1절).

2. 그들에게 선을 행하라(갈라디아서 6장 10절).

3. 그들에게 복음을 전하라(고린도전서 9장 22절).

4. 그들을 사랑하라(로마서 13장 8절).

5. 그들에게 불공평한 멍에를 지우지 마라(고린도전서 7

장 39절).

6. 그들에게 정직하라(베드로전서 2장 12절).

교회 회중됨의 조건들

비록 믿음이 그리스도의 보편적인 몸에 참여하기 위해 유일하게 요구되는 것이지만, 지역 교회에 참여하기 위하여 몇몇 일들이 더 필요하다. 보이는 거룩이다. 지역 교회에 참여하기 위하여 믿음은 반드시 만져질 수 있을 만큼 증명되어야 한다. 지역 교회는 사람들의 마음을 들여다 볼 수 없기 때문에, 반드시 교회는 믿음의 행위들로 인한 그들의 고백을 판단할 수밖에 없다. 다시 말해서, 사람들은 믿음의 고백을 해야 하고, 그들은 믿음의 고백에 합당한 삶의 행위도 필요하다(마태복음 3장 8절). 다시 말해서, 보이지 않는 교회가 보이는 지역 공동체로 분명히 보이게 될 때, 고백의 몇 가지 외적인 형태는 교회 회중됨에 속한 사람들을 알아보기 위해 필요하다.

교회 회중됨은 성도들의 입장에서 배타적이라는 결론에 이른다. 야고보서가 분명하게 가르치는 것처럼, 교회가 내적인 믿음을 볼 수 있는 유일한 방법은 하나님을 향한 순종과 형제들을 향한 사랑으로 특징되는 삶, 즉 변화된 삶을 관찰하는 것이다. 이것이 성도들이 마땅히 침례를 받아야 하는 이유이다. 이는 교회의 몸에게 하나님을 향한 순종의 의지를 증명해 주기 때문이다. 성경은 또한 습관적인 죄에 넘어진 회중의 모든 지체에게 교회의 권징을 실행하도록 가르친다. 지역 교회에 참여한 사람들만이 교회의 권징과 회복의 책임에서 오는 유익을 얻을 수 있다.

이것을 염두에 둘 때, 그리스도를 고백한 사람이지만 침례로 주님을 따르려는 소망을 증명하지 않고, 지역 교회에 복종하려는 마음의 의지가 없는 사람은 교회의 회중됨에 적합한 후보들로 여겨져서는 당연히 안 된다. 더구나, 만약 이미 회중에 속한 자가 습관적으로 회개하지 않은 죄 가운데 거하고, 교회의 책망에 주의를 기울이지 않는다면, 교회는 회복의 소망들 가운데 (하나님의 말씀 안에서 그리스도로 인해 부여받은 권위로) 회개하지 않는 지체를 권징해야 한다. 그래서 교회 회중됨은 말할 나위 없이 진지하게 고려되어야만 하는 것이다.

1. 우리의 한 주의 일정 가운데 지역 교회의 예배와 역할들이 우선 순위에 놓여야 하는 이유는 무엇인가?

2. 그리스도인들이 지역 교회에 충실하지 않는 이유들은 무엇인가?

3. 교회 회중됨은 선택적인 것인가? 그렇다면 또는 그렇지 않다면, 그 까닭은 무엇인가?

4. 교회 회중됨이 요구하는 성경적인 명령들은 무엇인가?

5. 교회 회중됨의 책임들은 무엇인가?

6. 교회 회중됨의 유익들은 무엇인가?

교회가 귀찮아!

7. 교회 회중됨에서 그리스도인의 열매는 어떤 역할을 하는가?

제7장

◆◆◆

"권징, 그게 뭐죠?"
지역 교회 권징

죄는 절대로 가볍게 다루어져서는 안 된다. 그리스도인들은
온 마음을 다하여 거룩을 추구해야만 하고, 육체의 소욕을
십자가에 못 박기 위하여 할 수 있는 모든 것을 해야 한다(로
마서 13장 14절). 이것은 지역 교회의 정식 회중됨이 꼭 필요한
또 다른 이유이다. 이것이 성경이 말하는 성화의 수단이다.
하나님의 말씀이 교회의 지체들의 삶에 계속해서 선포되며
적용되기 때문에, 그리고 교회 자체가 책임과 보호의 수단이
기 때문에 교회생활 자체가 성화의 수단이다.

그럼에도 불구하고, 각 그리스도인들이 자신들의 삶 속에
끊임없이 붙어 있는 죄들을 용인해서는 안 되는 것과 같이,

교회는 교회 공동체의 회중됨 내에 있는 습관적이고 회개치 않는 죄들을 봐줘서는 안 된다. 교회는 교회 전체의 영적인 고결함을 오염시키기 전에 반드시 누룩을 처리해야 한다(고린도전서 5장 7-8절). 그러므로 필요한 경우, 하나님께서는 교회로 하여금 강력히 권징을 수행하게 하신다.

권징의 본질과 절차들

정확히 권징은 무엇인가? 교회의 권징은 마태복음 18장 15-20절과 고린도전서 5장 안에 가장 잘 정의되고 설명되어 있다. 우리는 이 구절들 안에서 권징이 다섯 단계로 진행한다는 것을 배운다.

1. 주 예수께서는 그리스도인들에게 공개적으로 죄를 범하거나 믿음의 본질을 저버린 다른 신자들을 사랑으로, 겸손하게 마주하라고 가르치셨다. 이것이 첫 단계이다. 만약 한 사람이 회개한다면, 그 문제는 해결이 되었고 교회의 연합은 지속된다. 이 죄와 관련 있는 개인들을 제외하고, 그 누구도 그 죄(들)에 대해서 알 필요가 없다. 그리스

도인 부부들은 이 죄(들)를 공식적으로 드러내지 않고 결혼 생활 내에서 권징의 첫 단계를 효과적으로 실천한다.

2. 만약 죄지은 사람이 회개하지 않는다면, 그 사람에게 다시 말을 꺼내야 한다. 이것이 권징의 두 번째 단계이다. 그러나 이번에는 신실한 그리스도인으로 인정받은 몇몇 그리스도인들 앞에서 그렇게 해야 한다(마태복음 18장 16절, 갈라디아서 6장 1절).

3. 만약 두 번째 책망이 회개를 이끌어내지 못하면, 권징의 세 번째 단계를 행할 필요가 있다. 범해진(또는 범해지고 있는) 죄(들)에 관하여 대면했을 때, 실패한 노력들은 교회 전체 지체들에게 공식적으로 알릴 필요가 있다(마태복음 18장 17절, 디모데전서 5장 20절).

4. 또, 만일 회개를 위한 충분한 시간이 주어진 후에, 이 공식적인 부끄러움이 올바른 행위를 이끌어내지 못하면, 교회는 하나님께 교회의 회중됨을 박탈하는 네 번째 단계를 시행할 것을 요구받는다(마태복음 18장 17절, 고린도전서 5장 5-13절, 데살로니가후서 3장 6절, 14-15절).

5. 다섯 번째 단계는 아마도 가장 어렵다. 하지만 가장 효과적이다. 죄를 범한 지체가 제명된 후, 하나님께서는 교회의 회중이 되도록이면 회개하지 않은 자와의 유대와 교제를 끊어버릴 것을 요구하신다(고린도전서 5장 9-13절). 이것이 교회의 권징으로 인한 실제 아픔, 즉 하나님의 소중한 형제 · 자매의 지원, 도움, 친절, 인정 없이 이 세상의 삶과 유혹들을 맞닥뜨리는 것이다. 이 권징을 직면한 모든 진정한 성도들은 이것이 행동을 올바로 바꾸고 회개를 이끌어내는 가장 효과 있는 것이라는 것을 발견하게 될 것이다. 만나는 모든 순간에, 교회 회중은 마땅히 죄를 범한 자를 불신자로 여기고 그들에게 복음을 전하기를 추구해야 한다.

권징의 태도

1. **영적** : 우리가 다른 사람들을 대할 때, 우리는 우리가 발을 헛디뎌 넘어진 사람들을 일으켜 세우기 위해 영적인 의미에서 자격을 부여받았다는 것을 확실히 할 필요가 있다(갈라디아서 6장 1절a).

교회가 귀찮아!

2. **온유함** : 우리가 다른 사람들을 대할 때, 우리는 우리가 온유한 심령으로 그렇게 한다는 것을 확실히 할 필요가 있다(갈라디아서 6장 1절b).

3. **신중함** : 우리가 다른 사람들을 대할 때, 우리는 자기 자신을 과시하지 않고, 우리가 바로잡으려 하는 바로 그 죄에 빠지지 않도록 지켜야 한다. 우리는 이를 확실하게 할 필요가 있다.(갈라디아서 6장 1절c).

권징의 목적

권징은 세 가지 목적이 있다. (1) 권징은 교회의 회중됨을 순수하게 유지시키는 수단이다(고린도전서 5장 7-11절). (2) 권징은 근심하게 하는 교회의 지체를 회복시키는 수단이다(고린도전전 5장 6절, 고린도후서 2장 6-8절, 갈라디아서 6장 1절). (3) 권징은 다른 사람들로 하여금 스스로 죄를 짓지 못하게 하는 수단이다(디모데전서 5장 20절).

권징의 권위

교회가 권징을 하는 것은 두려운 일이다. 권징은 사람이 만든 제도가 아니라, 그리스도께서 직접 세우신 애정 어린 간섭이다. 더욱이, 교회가 권징을 행할 때, 이는 하늘의 권위로 행해져야 한다(마태복음 18장 18-19절). 그러므로 권징은 효력이 있고 권위가 있다.

권징의 효력

그리스도인들이 취향에 따라 또는 *심기가 상해* 교회를 이리저리 옮겨 다니는 이 시대에, 권징이 효과 없는 것처럼 보일 수도 있다. 그러나 비록 결과가 즉시 보이지는 않을지라도, 교회가 올바로 권징을 행할 때, 적어도 권징은 실제로 교회를 항상 순수하게 할 것이다.

하나님의 백성들은 영적으로 한몸에 연합되어 있기 때문에, 그들은 서로를 사랑하고 서로 떨어져서는 살 수 없다. 지역 교회는 끊임없는 교제와 서로를 돕는 것에 힘쓰는 성도들

교회가 귀찮아!

로 구성된 공동체로서 행하도록 부름을 받았기 때문에, 불순종하는 그리스도인들이 이 애정 어린 교제의 밖에 놓일 때, 형제, 자매는 심각한 박탈감을 느낀다. 그리스도인에게 성도의 교제를 제한하는 것은, 마치 어린 아이를 사랑하는 엄마에게서 떼어놓는 것과 같다.

이것이 권징이 행해지는 이유이다. 하나님의 자녀들은 자신들이 성도들의 교제 밖에서 살아가거나 만족하거나 즐거워할 수 없다는 것을 발견한다. 그리고 마침내, 만약 그들이 진정한 하나님의 자녀들이라면, 그들은 하나님의 사람들과의 만남과 애정을 다시 얻기 위하여 필요한 것들을 하려고 할 것이다.

더욱이, 만약 하나님의 자녀들이 하나님께 나아가기 전에 서로의 용서를 구하는 것이 요구된다면(마태복음 5장 23-24절), 그들이 권징 아래 있는 경우에는 하나님의 교회와 관련된 일들을 바로잡기 위하여 그들에게 얼마나 더 많은 것들이 요구되겠는가?

이 공동체의 관계에서, 교회가 땅에서 매는 것은 무엇이든지 하늘에서도 매일 것이다(마태복음 16장 19절). 하나님과 올바로 관계 맺고 있는 것은 하나님의 교회와 올바로 관계 맺고 있는 것이다.

물론, 만약 한 사람이 교회의 친목과 교제 밖에 있는 것에 만족할 수 있고, 자기 죄들에 머무르는 것이 괜찮을 수 있다면, 바로 그 사람은 그리스도인이 아니라는 것을 증명하고 있는 것이다(요한1서 2장 19절). 그리고 권징이 교회의 회중됨을 순수하게 하는데 있어 효력 있다는 것을 증명하는 것이다.

교회가 귀찮아!

1. 권징이란 무엇인가?

2. 권징을 수행하는 다섯 가지 단계는 무엇인가?

3. 권징을 행하는 사람들의 태도는 어떠해야 하는가?

4. 권징의 목적은 무엇인가?

5. 권징을 시행하기 위하여 교회는 어떤 권위를 갖는가?

6. 권징은 그 목적을 행하는데 있어서 효과적인가? 그렇다면 또는
   그렇지 않다면 그 이유는 무엇인가?

제8장

◇◇◇

"설문 조사가 말하길"
지역 교회의 권위

하나님께서는 교회에게 능력과 권위를 부여하셨다. 교회는 사람들이 함께 모여서 사람들이 가려는 대로 그 규칙들과 규정들을 만들고 시작하는, 약한 모임이 아니다. 오히려 교회는 오직 하나님에 의해 준비되고 하나님의 영에 의해 지탱되는 신성하고 거룩한 기관이다. 지역 교회는 교회의 목적들을 수행하고 완수해 내기 위해 하나님께 힘과 권위를 부여받은 살아있는 유기체이다.

교회의 권위를 약화시키는 문화

교회 방침의 초점이 교회를 다니지 않는 사람들을 '교회에 오도록 하는 것'이 될 때, 머지않아 교회는 힘을 잃게 된다. 어떻게 그렇게 되는가? 교회는 잠재적 방문자를 결정자의 자리에 두는 것으로 교회의 권위를 버린다. 교회의 목적이 고객들의 요구들에 이끌리게 될 때, 고객들은 교회의 열쇠를 쥐게 된다. 교회는 사람들이 원하는 것들을 인지하고, 제공하려고 노력한다. 교회들이 성경을 여러 설문 조사의 결과들로 대체할 때, 고객들이 교회의 권위를 아주 사소하게 생각하는 것은 전혀 놀랄 만한 일이 아니다. 고객들은 누가 진짜 책임자인지를 알고 있다.

교회의 권위

만약 교회가 그 권위를 다시 찾기 원하고 권위를 진지하게 여긴다면, 교회는 반드시 성경으로 돌아가야 한다. 그 이유는 교회가 스스로 하나님의 말씀에 복종할 때, 교회는 그 권위를 갖기 때문이다. *교회는 반드시 권위를 갖기 위하여 권*

위 아래에 있어야 한다. 그러므로 교회는 문화의 변화무쌍한 바람으로 인해 널리 알려지는 것을 반드시 삼가하고, 하나님의 지속적이고 변치 않는 말씀의 반석 위에 굳게 서야 한다.

교회는 어떠한 권위로 교회의 중대한 목적들과 의식들과 권징을 행할 수 있다고 소망하는가? 오직 하나님의 기록된 말씀의 권위만이 교회의 답이다. 그리스도께서 교회의 머리이시고 신성한 통치자이시기에 그리스도의 말씀이 유일한 규칙이고 권위이다. 이러한 일들을 행하는 권위를 누가 교회에 부여한 것인지 궁금한가, 이 대답은 간단하지만 매우 심오하다. 하나님 자신이시다.

교회의 몸이 하나님 말씀의 진리로 작동하고 존재할 때, 교회의 사역자들과 지도자들이 성경의 경계들을 넘어가지 않을 때, 교회의 행사들과 활동들과 권징은 하늘의 신성한 인정과 권위를 가진다. 교회의 권위를 반하여 나가는 것은 하나님을 반하여 나가는 것이다. 교회의 권위에 반하여 나가는 것은 교회의 사역자들에게 불순종하는 것이고, 이 또한 하나님께 반하는 죄와 같이 하나님께 대항하는 것이다 (히브리서 13장 17절).

교회 통치

교회의 공식 직분은 *사역자들과 집사들*, *2*직분이다(빌립보서 1장 1절). 사역자들은 모범이 되는 인격과 가정의 삶을 살고 있고, 성령님께 성경을 가르치는 은사를 받은 자들이다(디모데전서 3장 2-5절). 이 직분의 책임은 말씀을 선포하고 가르치고, 다스리고, 교회의 영적 일들을 감독하고, 그들의 보살핌 아래에 있는 성도들의 영혼을 인도하는 것이다(디모데전서 3장 5절, 디모데후서 4장 1-5절, 베드로전서 5장 1-3절).

마찬가지로 집사들도 모범이 되는 인격과 가정의 삶을 살고 있고, 하나님의 백성들을 섬길 마음을 갖춘 자들이다. 집사들의 책임은 교회의 실질적인 일들을 행하는 것이고, 성도들의 물질적인 필요들을 돌보는 것이다(사도행전 6장 3절).

사역자와 집사의 자격 요건(디모데전서 3장 1-13절)

사역자들	집사들
1. 책망할 것이 없고	1. 정중하고
2. 한 아내의 남편이 되며	2. 일구이언을 하지 아니하고
3. 절제하며	3. 술에 인박히지 아니하고
4. 신중하며	4. 더러운 이를 탐하지 아니하고
5. 단정하며	5. 깨끗한 양심에
6. 나그네를 대접하며	6. 먼저 시험하여 보고
7. 가르치기를 잘하며	7. 책망할 것이 없으면
8. 술을 즐기지 아니하며	8. 여자들도 이와 같이 정숙하고
9. 구타하지 아니하며	9. 자기 집을 잘 다스리는 자일지니
10. 관용하며	
11. 다투지 아니하며	
12. 돈을 사랑하지 아니하며	
13. 자기 집을 잘 다스려	
14. 새로 입교한 자도 말지니	
15. 외인에게서도 선한 증거를 얻은 자라야 할지니	

사역자와 집사의 직무 사이에는 오직 한 가지 본질적인 차이, 즉 가르치는 능력에 있다는 것을 주목하라.

목사들은 하나님께 부름을 받았다

안타깝게도, 너무나 많은 사람들이 말씀사역자가 되기를 결심한다. 그 까닭은 *교회를 목회하는 것이* 좋은 경력 같기 때문이거나, 그들이 무엇을 해야 할지 다른 좋은 대안이 없기 때문이다. 설상가상으로, 교회들은 이러한 목사 후보생들을 데려오기 위해 지나치게 열심을 내고 있다. 교회들이 보통 새로운 목사를 성경의 자격들, 즉 개인 신앙심, 교리, 하나님의 말씀을 해석하는 능력에 근거하여 선택하기보다 오히려 그들의 인격, 외모, 사람을 휘어잡는 매력을 보고 선택한다. 이러한 이유로 인해, 교회 안에는 하나님께 영적인 은사도 받지 않고 부르심도 받지 않은 자격 없는 목사들로 가득하다.

목사의 제1소명은 설교와 가르치는 일이고(디모데전서 4장 15-16절, 디모데후서 4장 1-5절), 좋은 설교는 실력과 영적인 재능 모두를 포함한다. 하나님의 말씀을 올바르게 해설하기 위해 필요한 어느 정도 수준의 교육과 실력이 있어야 한다. 너무나 많은 설교자들이 성경 구절을 올바르게 해석하고, 그 말씀이 의도한 의미를 왜곡 없이 적용할 수 있는 기본 지식과 능력을 갖추지 못하고 있다는 사실은 놀라운 일이다. 슬프게도, 미국 전역의 설교단에서 들려오는 많은 설교들은 성경해석 근처에도 미치지 못하고, 오히려 동기부여 연설에 추가로 몇몇 성경 구절들을 간간히 섞어 놓은 것과 같다. 뿐만 아니라, 오늘날 많은 목사들의 성경과 신학에 관한 지식의 부족은 놀랍다.

　타고난 능력과 가르침보다 설교에 성령님의 초자연적인 능력이 함께 하는 것이 더 중요하다. 오늘날 설교의 대부분은 능력이 부족하다. 설교들은 하늘로부터 오는 권위 있는 말씀이라기보다는 토론처럼 보인다. 진정한 설교는 강렬하고 유창한 화법이 아니라, 오히려 성령님의 능력으로 정확하게 선포되어지는 하나님의 말씀으로 인정되는 것이다. 교회들이 필요한 것은 매력적인 인품들이 아니라 분명하고 정확한 가르침이다. 다른 어떤 것보다 설교는 성경과 일치해야 하고, 성령님께서 능력을 부어주실 필요가 있다. 설교는 교회를 질책하고, 격려하고, 덕을 세우는 것을 포함한다. 교회가 참 설교를 들을 때, 교회는 초자연적인 말씀을 듣는다. 다시 말해, 교회는 하나님으로부터 직접 듣는다. 참된 설교는 권위가 있고, 올바로 세우고, 덕을 세우고, 궁극적으로 성화시킨다. 능력이 있는 설교는 영적인 재능이다. 오직 하나님 한 분으로부터만 얻게 된다.

참된 목사들은 그들의 삶에 신성한 소명과 은사를 가진다. 하나님께서 말씀사역자로 부르신 사람들과 스스로 결정하여 말씀사역을 시작한 사람들 사이를 구별하는 최소한 세 가지 표시들이 있다. (1) 하나님께 부름을 받은 사람들은 불타오르고 참을 수 없을 만큼 하나님의 말씀을 가르치고 설교하고 싶어 한다. 그들은 선포해야 한다고 느끼는 하나님의 말씀을 가지고 있다. (2) 하나님께 부름을 받은 사람들은 섭리에 따라서 설교할 수 있는 기회를 가진다. 이것만이 사람의 소명을 가리키는 것은 아니지만, 하나님께서 말씀사역의 기회를 제공하지 않으시고 사람을 말씀사역의 자리로 부르실지 의문이다. (3) 가장 중요하게, 사람의 소명에 대한 가장 확실한 확인은 지역 교회의 검증이다. 만약 교회가 한 사람의 설교에서 지속적으로 하나님의 말씀을 듣지 못한다면, 그 사람은 하나님께 부름을 받았다고 하지 못할 것이다.

하나님의 부르심이 한 사람에게 임했다고 단언하는 지역 교회의 공식적인 승인, 즉 목사 안수는 말씀사역에 있어서

교회가 귀찮아!

중요하다. 만약 하나님의 백성들이 한 사람의 설교로 인해 영적으로 복을 받거나 목회를 받지 못한다면, 그 사람은 하나님께 은사를 받거나 소명을 받은 것이 아닐 것이다.

부름 받지 못한 사람들은 사람의 감정을 상하게 하는 것을 염려하기 때문에, 지역 교회들은 반드시 주의를 기울여 그들이 계속해서 설교하지 못하게 해야 한다. 또한, 기존 지역 교회에 의해 은사들이 확인되지 않았다면, 교회를 개척하는 것에 대해 신중히 생각해야 마땅하다. 너무 많은 교회들이 개척되고 있다. 그 까닭은 안수 받지 못한 설교자들이 성경과 일치하는 기존 교회들의 판단에 순종하지 못하는 마음 때문이다.

위에서 이야기한 모든 것과 더불어, 하나님의 부름을 받은 말씀사역자 모두가 동일한 은사를 부여받은 것은 아니다. 모든 설교자들이 특별하고 각자 다른 강점들과 약점들을 가진다. 교회는 목사에 대해 너무 비난하고 판단하지 않도록 주의할 필요가 있다. 우리는 우리의 목사를 인기 있는 유명 목사와 비교하고 판단하지 않도록 주의해야 한다. 이것은 바울과 아볼로 중 누가 더 나은 설교자인지를 두고 논쟁을 벌

였던 고린도 교인들의 잘못이었다. 좋아하는 설교자가 있는 것은 괜찮지만, 우리가 한 명의 특정한 설교자를 다른 모든 설교자들이 충족시켜야만 하는 기준으로 삼는다면, 우리는 위험한 상황에 있는 것이다. 목사의 설교에서 하나님의 음성을 들을 수 없도록 하는 가장 빠른 방법은 비판하는 마음을 가지고 듣기 시작하는 것이다.

목사들은 목자로 부름을 받았다

목사들은 한 기업의 최고 경영자로 부름을 받은 것이 아니라, 오히려 하나님의 양을 치는 목자들로 부르심을 받았다. 교회는 사업체가 아니기에, 당연히 목사들은 교회를 사업체처럼 운영하려고 해서는 안 된다. 목사들에게 유연한 지도력과 효과적인 의사소통 능력들보다 더 많은 것이 요구된다. 하나님의 사람은, 뜨거운 기도와 하나님의 말씀에 대한 끊임없는 연구를 통하여 하나님과 가장 가까운 자리로 부름을 받은 자들이다. 만약 목사들이 규칙적으로 무릎을 꿇지 않고 진리에 대한 연구에 힘을 쏟지 않는다면, 그들이 아무리 은사를 받았을지라도, 그들은 형편없는 영적 지도자가 될 것이

교회가 귀찮아!

다. 그들은 사업체를 세우는 것에 성공했을 수도 있지만, 하나님의 교회를 감독하는 데는 실패할 것이다. 지도력의 기술들과 목회하는 것은 별개다. 부분적으로, 목회하는 것은 섬기고 설교하고 상담하고 다른 사람들의 귀감이 되는 모범적인 삶을 사는 것을 포함한다.

목사들은 섬기도록 부름을 받았다

목사들은 섬기는 자들이다. 교회를 목회하는 것은 사역이다. 직업이 아니다. 그래서 목사들은 절대로 그들 자신을 그리고 목사직분을 하나님의 양떼보다 우위에 두어서는 안 된다. 목사들은 반드시 위대해지고자 하는 개인의 열망들을 단념해야 하고 유명 인사가 되고자 하는 자신의 갈망을 버려야 하고 (만약 필요하다면) 세상에서 잊혀진 채 사역을 하려 해야 한다. 목사들은 더 큰 교회에 취업하기 위한 발판으로 여러 작은 교회들을 이용해서는 안 된다. 목회를 하는 것은 이력서를 채우기 위한 일이 아니다. 하나님의 양떼가 이런 식으로 이용되어서는 안 되기 때문이다. 목자들이 이리가 오는 것을 보고 양을 버리고 달아나서는 안 되는 것처럼(요한복음 10장

11-13절), 목자들은 더 푸른 초장에서 사역할 기회들이 주어졌다고 자신들의 양떼를 버려서는 안 된다. 더 정확하게 말하면, 하나님의 목사들은 하나님께서 그들을 부르신 곳에서 하나님의 양떼를 먹이고, 보살피고, 섬기는 일에 기꺼이 자기 자신을 희생하고 내어주어야 한다. 양떼의 필요와 보살핌이 언제나 최우선시되어야 마땅하다.

목회를 하는 것은 돈이나 명예에 관한 것이 아니고, 하나님의 분깃을 지키는 것에 관한 것이다(베드로전서 5장 2-3절). 목사들은 자신들의 양떼와 나란히 걷고, 그들을 위해 기도하고, 그들에게 설교하고, 필요할 때 그들을 질책하며 격려해야 한다. 이것은 오직 매일 성령님 안에서 살아가는 것으로 얻어지는 겸손, 신실함, 온유, 절제를 필요로 한다(갈라디아서 5장 22-25절). 만약 목사들이 섬기고자 하는 의지가 없다면, 그들은 하나님의 백성들의 목자로 합당하지 않다.

요약해서 말하자면, 목회하는 것은 받는 것이 아니라 주는 것에 관한 것이고, 하나님의 백성들을 이용하는 것이 아니라 보살피는 것에 관한 것이다. 그러므로 좋은 목사들은 자신들이 사람들의 찬사의 대상이 되는 것보다 하나님을 찬양하는 것에 더 관심을 기울이는 사람들이다. 하나님께서는, 교회가 목사들을 섬기는 것이 아니라 오히려 목사들이 교회를 섬기게 하신다.

목사들은 말씀을 선포하도록 부름을 받았다

목사들은 반드시 교리에 전념해야 한다(디모데전서 4장 13-16절). 그들은 말씀에 수고하도록 부르심을 받았기 때문이다(디모데전서 5장 17절). 목사들의 본래 직무는 하나님의 양떼를 먹이는 것이다(요한복음 21장 15절, 디모데후서 4장 1-5절). 그러므로 목사들은 반드시 자기 자신이 하나님께 인정받은 자라는 것을 보이기 위하여, 진리를 올바르게 해석하며 적용할 수 있도록 연구해야 한다(디모데후서 2장 15절). 목사들은 설교를 위해 부르심을 받았기 때문에, 그들은 반드시 하나님의 말씀을 헌신적으로 연구하는 사람이어야 한다.

성경을 연구할 때, 게으름이 하나님의 사람의 특징이 되어서는 당연히 안 된다. 그래서 목사들은 공동체의 저명한 지도자들과 어깨를 나란히 하고 골프장을 도는 것보다 대부분 연구의 자리에 있으면서 하나님께 가까이 다가가야 마땅하다. 만약 목사들이 설교시간에 설교 준비가 되어있지 않다면, 그들은 그들의 본래 책임들 중 하나를 도외시하고 있는 것이다.

목사들은 목양하도록 부름을 받았다

목사들은 영적으로 도움이 필요한 사람들을 위로해야 하고, 질책해야 하고, 바로 잡아야 하고, 격려해야 하고, 가르쳐야 한다. 성경의 목양을 효과적으로 하기 위하여, 목사들은 반드시 사람들을 만나기 전에 먼저 하나님을 만나야 한다. 그들은 반드시 성경으로부터 목양을 받아야, 충분히 다른 사람들을 목양할 수 있게 된다. 목양하는 것은 하나님의 말씀으로 흠뻑 적셔진 마음에서 흘러 넘쳐 나오는 것이다.

목사들은 모범이 되는 삶을 살도록 부름을 받았다

사도 바울의 아주 인상 깊은 자질들 중의 하나는 그리스도인으로서 그의 모범적인 삶이었다. 성령님의 인도하심으로, 그는 대담하게 "내가 그리스도를 본받은 것처럼 너희들은 나를 본받으라"(고린도후서 11장 1절, 빌립보서 3장 17절)고 선포할 수 있었다. 바울은 자신의 가르침을 삶으로 살아냈고, 자신이 전한 말씀들을 자신의 삶 속에서 모범으로 드러내 보였다. 같은 방식으로, 목사들은 자신의 회중들이 본받을 수 있는 모범이 되는 그리스도인의 삶을 살도록 부르심을 받았다. 만약 그들이 말씀을 설교한다면, 그들은 반드시 그 말씀을 삶으로 살아내야 한다. 어떠한 목사든지 그에 대해 할 수 있는 최고의 칭찬은 바로 그는 신실한 사람이고 그가 가르치는 것에 완전한 헌신을 하는 사람이라고 하는 것이다.

목사들은 순종하도록 부름을 받았다

목사들은 지도자이다. 그러나 그들은 서로에게 복종하는 많은 사역자들 중 한 사람이 되어야 하고 회중에 의해 확인을 받아야 한다. 예수 그리스도를 제외하고, 어떠한 목사든지 판단 받지 않는 것은 지혜롭지 않다.

사역자들의 책임

목사는 하나님의 무리를 지키고 통치하는 여러 사역자들 중의 하나이다(디도서 1장 5절). 여러 사역자들은 많은 위험에 대한 근본적인 보호 장치가 된다. 그들은 한 사람에게 비난이 집중되는 것을 막아준다. 그들은 그들의 다른 강점들을 더 많은 열매를 맺을 수 있도록 이용할 수 있고, 그들의 지도력에 있어 조화를 이루도록 사용할 수 있다.

사역자들은 성경이 말하는 위임된 권위로 통치한다. 그들의 권위의 범위나 권한은 교회의 영적인 일들로 제한된다. 사장이 직원의 휴가 중에 직원에게 무엇을 해야 하는지 말할 권위를 갖지 않는 것과 마찬가지로, 아니 그보다 더 사역자들은 회중의 개인적인 일들을 처리하는 권위를 갖지 않는다. 하나님께서는 사역자들에게 회중의 영적인 삶들을 보살피고 교회의 전반적인 방향을 지켜보는 것에 대한 책임을 주셨다. 사역자들은 하나님의 분깃을 지배해서는 안 된다. 하지만, 부모들이 자녀들에게 책임을 지움으로 자녀들을 훈계할 책임에서 벗어날 수 없듯이, 사역자들도 회중에게 책임을 지우는 것에 자유롭지 못하다.

의심할 여지없이, 지혜롭고 애정 어린 부모들은 자녀들이 걱정하는 것들과 소망하는 것들을 듣는다. 이와 같이, 사역자들도 회중의 전반적인 걱정들과 생각들을 듣는 것이 필요하다. 예를 들어 이사, 건축에 관한 일들과 같이 교리적이지 않고 현실적인 결정들은 전체 동의와 연합을 바라는 바람을 가지고 함께 모여 기도하는 회중에게 맡기는 것이 현명한 일

교회가 귀찮아!

이다. 결국, 하나님께서 사역자들에게 하나님의 집을 다스릴 권위와 책임을 부여하셨기에, 더 큰 책임감에 매어두신다(디모데전서 3장 5절).

교회 회중의 책임

하나님께서는 교회 회중members에게 "너희를 인도하는 자들에게 순종하고 복종하라 그들은 너희 영혼을 위하여 경성하기를 자신들이 청산할 자인 것 같이 하느니라 그들로 하여금 즐거움으로 이것을 하게 하고 근심으로 하게 하지 말라 그렇지 않으면 너희에게 유익이 없느니라"라고 명령하셨다(히브리서 13장 17절). 하지만, 많은 교회 회중 사이에서 퍼지고 있는 사고방식은 자급자족이다. 이는 자신들의 영적인 삶이 다른 성도들의 일이 아닌 것처럼 느끼는 그리스도인들의 수가 증가하고 있다는 것을 보여준다. 이러한 그리스도인들은, 교회의 사역자들이 영적인 목양과 바른 인도를 위해 자신들의 삶을 살필 그 어떤 필요도 없다고 생각하는 것처럼 보인다.

교회 회중이 자신들의 사역자들에게 책임을 맡기는 것과

그들이 교회생활과 관련된 독립적인 판단을 교회 사역자들의 판단보다 우위에 두는 것은 완전히 별개다. 만일 오늘날 그리스도인들이 교회 결정에 완전히 동의하지 못하면, 그들의 불만을 표현하기 위하여 출석하지 않고 집에 머무를 것이다. 그리스도인들은 자신들이 좋아하는 모든 것을 가질 수 있다고 여기고 교회에 대하여 마음에 들지 않는 모든 것을 버릴 수 있다고 생각한다. 이러한 모습의 그리스도인들은 개인적인 판단을 교회의 판단 위에 둔다. 도리에 맞는 일들과 성경의 일들 때문이 아니라, 권력과 감투의 문제들 때문에, 얼마나 많은 교회들이 분열되거나 얼마나 많은 교회들이 새로 생겨나고 있는가? 주님을 사랑하는 것처럼 보이기는 하나, 교회생활의 사소한 것 하나 하나까지도 완벽하게 동의를 할 수 있는 지역 교회를 찾지 못해서 주일 아침마다 가족들을 집에 머무르게 하는 그리스도인들에 대해 듣는 것은 안타깝다. 심지어 더 큰 문제는, 다른 사람들에게 순종해본 적이 없는 이러한 사람들이 자신들의 교회를 새롭게 시작하려는 것이다.

나는 떠오르고 있는 *가정 교회* 운동 이면에 있는 많은 것이 염려스럽다. 안수를 받은 사역자들의 역할이 최소화되거나 아예 존재하지 않는 가정 교회의 이면에는 불순종의 태도가 있다. 교회의 모임을 집에서 하는 것은 전혀 문제가 없지만, 사역자들의 직무와 권위를 없애는 것은 교회의 권위를 약화시킨다. *가정 교회* 운동은 보여지기에 어떠한 형태의 책임이든 모두 거부하는 사람들에게 가장 매력적이고 흥미로운 것이다. 이 태도의 진짜 문제는 그리스도에 대한 복종이 부족하다는 것이다. 예수 그리스도께서는 교회를 조직하시고 교회에게 지도자의 직무에 맞게 은사를 부어주시고 자신의 백성들을 그 위임된 권위 아래로 부르시는 분이시다.

교회 회중의 권위

사역자들은 권위를 가진다. 그러나 이는 절대적인 권위는 아니다. 회중도 어느 정도의 권위를 가진다. 회중은 사역자들에게 순종해야 하는 책임을 가지고 있지만, 그들 또한 사역자들이 하나님의 말씀에 책임을 지는 만큼 책임을 가진다.

*진리를 수호하는 것*은 회중의 각 지체의 책임이다. 사역자들은 회중에 의해 인정을 받고 승인되어지기 때문에, 회중

은 하나님께서 사역자들에게 요구하시는 성경의 자질들을 더 이상 충족시키지 못하는 그들을 그 직무에서 해임하는 권한을 가진다(디모데전서 3장 1-13절). 교리적으로 또한 윤리적으로 타락한 사역자들은 반드시 하나님께서 교회의 몸에게 주신 권징의 대상이 되어야 한다. 다른 지체와 마찬가지로 사역자는 권징에서 제외되지 못한다.

회중들 역시 이러한 책임을 등한시할 수 없다. 사역자들 안에 있는 비정통성, 윤리적인 추문이나 욕설을 묵인하는 교회 회중에게 하나님께서 그 책임을 물으실 것이다. 즉, 하나님께서는 거짓 선생들에게 듣고 싶어 하는 귀를 가진 회중을 비난하실 것이다(디모데후서 4장 3절).

마찬가지로 교회의 지체들은 서로에게 책임을 지울 권위를 가진다. 사역자들과 회중 사이에 (이끌고 따르는 것과 같이) 구별되는 역할들이 있지만, 그들은 (교회의 진리, 연합, 순수성을 지키는) 동일한 목표를 가지고, 그들은 (주 안에서 서로 사랑하고, 서로의 덕을 세우고, 서로 돌보며, 서로 보살피는) 동일한 기본적인 의무를 가진다. 목사들은 양떼를 이끌어가기 위해 부르심을 받았고, 양떼는 목사들의 가르침과 모범을 따르도록 부르심을 받았다. 목사들은 교회 회중들에게 봉사의 일을 하게 하기 위해 부르심을 받았다(에베소서 4장 12절). 즉, 목사들은 하나님의 양떼를 보살피고 돌보기 위하여 부름을 받았을 뿐만 아니라, 양떼들이 서로를 보살피고 돌볼 수 있게 하기 위하여 부름을 받았다. 목사들은 더 잘 보이는 강단에서 이끄는 입장으로 사람들을 돌본다. 반면에 교회 회중은 좌석에서 더 개인적으로 사람들을 돌본다. 비록 다른 역할들을 가지고 권위의 정도도 다를지라도, 목사들과 교회 회중 모두는 서로 보살피고, 꾸짖고, 덕을 세우며, 서로 돌보도록 부름을 받은 것 같이 서로에게 **책임**을 갖는다.

이것은 교회의 권위가 각 회중의 지체에게까지 다다른다는 것을 의미이다. 우리는 우리가 믿는 것들과 행하는 것들이 다른 누구와도 관계없다고 생각하고 싶어 하지만, 이것은 성경이 말하는 기독교 신앙의 태도가 전혀 아니다. 모든 성도가 그러하듯, 우리는 지역 교회의 회중의 지체가 되도록 부름을 받은 사람들이다. 지역 교회의 지체가 되는 것은, 그 교회의 사역자들의 보살핌과 감독에 순종하고, 회중의 보살핌과 감독에 순종하는 것을 요구한다.

마지막으로, 회중이 사역자들과 자기 자신을 책임지는 권위를 갖기 위하여 그들은 반드시 힘을 갖는다. 이 힘은 *권징*이다. 비록 권징의 과정에서 각 단계가 진행되기 위해 추가적인 증인들이 필요할지라도, 한 명의 지체가 교회의 권징의 첫 단계, 즉 비공개 대면을 시작할 권리와 힘을 가지고 있다.

더욱이, 권징을 수행하기 위해 회중에게 주어진 권위는 사역자들 안에 부여된 권위를 넘어선다. 교회 사역자들은 자신들만으로 권징의 마지막 단계를 자발적으로 행할 수 없다. 비록 권징의 첫 단계인 *비공개 만남*이 한 명의 사역자 또는 *회중의 한 지체*에 의해 행해질 수 있지만, 제명은 오직 *회중*에 의해서만 행해질 수 있다(고린도전서 5장 4-5절).

권징은 지역 교회의 권한과 관련 있기 때문에, 지역 교회는 자주적이다. 지역 교회 회중이 그 교회 회중에 속하지 않은 사람을 권징 하는 것은 불가능하기 때문에, 지역 교회가 그 교회의 회중에 속하지 않은 사람들, 예를 들면 외부의 고문단들이나 노회에 의해 통치 받는 것은 성경과 일치하지 않는다. 교회가 교회를 다스리는 권위는 지역 교회의 모임 안에 놓여 있다. 요약하자면, 권징을 수행할 그 어떤 권위, 능력

교회가 귀찮아!

이 전혀 없는 이 땅의 지도자들에 대한 순종이 교회의 회중에게 요구되지 않는다.

그래서 교회는 사역자들과 회중이 함께, 머리이신 그리스도 아래에서 스스로를 감독하고 통치하는 책임을 행할 권위를 가진다. 정말 큰 책임이다. 그러나 하나님께서, 주께 하듯 서로에게 순종하도록 부름을 받은 자신의 백성들에게 주신 아주 큰 복이다.

결론적으로, 성경은 모든 그리스도인들을 서로에게 복종하도록 부른다. 비록 우리가 개인으로 우리의 교회 사역자들보다 더 큰 지혜를 가지고 영적으로 더 성숙하다 할지라도, 우리의 사역자들이 성경의 분명한 가르침들과 다르게 위임받은 힘을 남용하지 않는 한, 우리는 교회의 결정들에 순종하고 그 결정들을 지지하라고 부름을 받았다. 우리의 개인적 의견 위에서 완강하게 버티는 것보다 교회의 사역자들에게 순종하고 그들을 지지하는 것이 더 많은 은혜와 사랑과 겸손함을 필요로 한다.

사역자들이 성경의 원리들에 따라서 겸손과 사랑의 마음

으로 교회를 다스리는 것과, 회중 전체가 교회의 다스림과 권위를 지지하고 그것에 순종하려고 하는 것을 보는 것은 정말 아름답고 좋다. 아, 하나님께서 자신의 교회에게 신성하고 성경과 일치하는 교회생활을 할 수 있도록 은혜를 베풀어 주실 것이다.

1. 교회는 잠재적인 방문자들의 바람을 수용하고 싶은 나머지 자신들의 권위를 어떻게 잃어버렸는가?

2. 교회는 교회의 권위를 어디에서 가져오는가?

3. 교회의 권위는 교회의 회중 위에 세워지는가?

4. 삶의 어떤 영역에서 그리고 어느 정도까지 교회는 교회의 회중에게 권위를 행사할 수 있는가?

5. 교회에 존재하는 두 직분은 무엇인가?

6. 사역자의 역할은 무엇인가?

7. 집사의 책임은 무엇인가?

8. 좋은 목사의 특징들은 무엇인가?

9. 교회 회중의 권위와 책임은 무엇인가?

THE CHURCH
Why Bother?

제9장

◇◇◇

"우리는 신앙고백서가 아니라,
타협이 필요해"
지역 교회의 교리적인 기준들

오늘날 대부분의 기독교는 그 뿌리를 버리고 명백하게 한 특정 교파에 속하려 하지 않는다. 교회들은 더 이상 침례교, 장로교, 감리교가 아니라, 특정한 교파에 소속되지 않는 것을 택하고 심지어는 여러 교파에 속하기도 한다. 미국의 퍼스트 뱁티스트 처치First Baptist Church는 교회 이름을 더 저니The Journey로 바꾸었고, 바이블처치Bible Church는 이름을 뉴 라이프 처치New Life Church로 바꾸었다. 처치 온 더 락Church on the Rock은 하나님의 성회Assembly of God교파에서 나왔지만, 누가 알겠는가? 성장과 포용력이라는 목적을 위해, 교회들은 그들 자신을 분명하게 규정하고 사람들에게 그들이 믿는 것을 전하는 것을 두려워한다. 교리의 모호함은 옛 신앙고백서들을 대신해왔고, 오늘날 기독교는 단지 모호하고 보편적인 것들로 정의 내려지는 것에 꽤나 만족하는 것처럼 보인다. 목표는 '예수'를 *체험하는 것*이고 어떠한 명확한 정의를 내리지 않은 채 개인적인 의미와 목적을 찾는 것이다. 이 새로운 태도는 누군가의 페이스북에 게시된 글에 전형적으로 보여진다.

신학과 교리가 예수의 친구가 되는 일은 극히 드물다. 이것들은 좋은 의도이지만, 마귀는 하나님의 자녀들이 예수님과 강렬하고 열정적인 사랑의 관계를 맺지 못하게 하고, 이 사랑의 관계 대신에 교리와 신학의 진술들을 하게 하는 것보다 더 좋아하는 것은 없다. 부디 다른 사람들에게 당신이 믿는 것을 설명하기 위한 목적으로 성경을 펴지 말라. 하나님 앞에 앉아 하나님의 말씀을 펴고, 하나님과 대화하고 하나님께서 당신에게 말씀하시도록 하라. 예수님께서는 연구대상이 되시는 것을 싫어하신다. 예수님께서는 사람이시고 자기 자신을 알도록 당신을 초청하신다.

이 글이 영적인 것처럼 들릴지라도, 성경의 교리 없이 그리스도를 *체험적으로* 아는 것이 가능하다는 생각은 순진한 것이다. 그럼에도 불구하고, 신앙고백서들을 내어주고 타협

교회가 귀찮아!

을 하는 것은 오늘날 기독교의 새로운 *신비* 신학이다.

　오늘날 기독교가 자신들의 교리적인 신앙고백들을 모호하고 느슨하고 보편적인 것들로 대신하는 몇 가지 이유들이 있다. 그것은 (1) 무관심, (2) 무지, (3) 실용주의, (4) 신비주의이다. 네 가지 이유들 중, 신비주의는 우리가 이번 장에서 드러내려는 것이다. 다른 세 가지 이유들이 무의미한 것은 아니지만, 신비주의는 다른 세 가지 이유들의 이면에 놓인 근본적인 뿌리라고 생각한다.

　신비주의를 살펴보기 전에, 오늘날의 기독교로부터 신앙고백서들이 사라진 세 가지 이유들, 즉 무관심, 무지, 실용주의를 간략하게 짚고 넘어가 보도록 하자.

1. 무관심

몇몇 그리스도인들은 신앙고백서들에서 그 어떤 가치도 발견하지 못한다. 이러한 성도들이 신앙고백서들을 반대하는 것은 아니다. 그들은 단지 신앙고백서에 대해 크게 신경을 쓰지 않는다. 그들의 생각은, '사람들이 예수 그리스도를 사랑하는 동안, 교리는 그다지 중요한 것이 아니다'라는 식으로 흘러간다. 가입하기 위해 새로운 교회를 찾을 때, 이러한 생각을 하는 사람들은 아이들을 위한 교회 활동과 예배음악의 형식에 대해 알아보는 것만큼, 교회가 가진 교리적인 기준들에 대해서는 신경을 쓰지 않는다. 좋은 교회라고 특징 짓는 것들은 교회가 믿는 내용들이 아니라 매력적인 교회 행사들이다.

2. 무지

일반적으로, 신앙고백서에 관심이 없는 사람들은 '성경'을 자신들이 택한 신앙고백서라며 자부심을 느끼는 사람들이다. '신조가 아닌 성경'이 그들의 신조다. 신조에 반대하는 입장에 스스로 긍지를 가지고 있는 그들은 일반적으로 신조 또는 신앙고백서가 믿음과 실천의 최종 권위로서 하나님의 말씀을 대체한다고 생각한다. 이러한 시각은 좋은 의도를 가진 마음에서 생겨난 것일지도 모르지만, 이 시각 또한 충분한 지식이 없는 생각에서 흘러나온 것이다. 캐롤B. H. Carroll은 다음과 같이 설명한다. "신조가 없는 사람은 세상에 존재하지

교회가 귀찮아!

않는다. 신조란 무엇인가? 신조는 당신이 믿는 모든 것이다. 신앙고백서는 무엇인가? 신앙고백서는 당신이 믿는 내용의 선언이다. 바로 이 선언은 말로 선언되거나 기록된다. 신조는 선언에서 표현된 것이나 함축된 것이다."[14] 캐롤의 요점은 신조나 신앙고백서가 없다는 것은 불가능하다는 것이다. 단지 교회가 신앙고백서를 택하는 것을 거부하거나 그들의 신앙을 글로 쓰는 것을 거부한 이유 때문에, 그들이 신조가 없다는 것을 의미하지 않는다. 그들은 성경에 대한 자신들의 해석을 가지고 있는 점에서 신조가 있다. "나는 신조는 없고 성경은 있다"고 말하는 것은 마치 내가 가진 유일한 신조는 성경에 대한 나의 이해라고 말하는 것 같지만, 성경에 대한 당신의 이해를 상세히 설명하지 않으려고 하는 것과 같다.

3. 실용주의

교회들이 교리로 규정되기를 원치 않는 또 다른 이유는 공적인 신앙고백서들이 너무 제한적이라는 생각 때문이다. 신

---

14) B. H. Carroll, "Creeds and Confessions of Faith," in *Baptists and their Doctrines*, eds. Timothy and Denise George (Nashville: Broadman & Holman, 1995), 81.

앙고백들은 방구석에 처박혀진다. 그 까닭은 목표가 성장하는 것이기 때문이다! 그래서 교회가 포괄적이 될수록, 교회는 더 좋다. 오늘날의 목적을 담기 위한 교회 신조는 "생각을 열고, 마음을 열고, 문을 열어라"이다. 이 신조는 포괄적이며 신앙이 없는 그 어떤 사람도 잘라 내지 않는다. 이러한 에큐메니칼적인 개방성은 진리에 대한 공식적 기준을 만드는 것을 거부하는 것에서 기인한다.

교회가 '열린 마음'을 가졌다고 말하는 것은 아직까지 그 어떠한 결론에도 도달하지 못하였다고 말하는 것이다. 다양한 의견들과 다양한 삶의 방식을 가진 모든 방문자들은 계속되는 토론에 얼마든지 참여할 수 있다. 예를 들면, 사람의 타락을 확인하고 드러내는 것은, 구도자들을 불쾌하게 하고 그들이 교회에 와서 예배를 드릴 때 '예수'를 체험하는 것을 방해할 수 있다. 그래서 교리적 진리를 최소화하고 (주관적인 감정) '사랑'에 초점을 두고 우유부단한 예수에 고정하는 것이 최선이다. 그래서 이러한 실용주의 목적들은 교회를 성장시키고 사람들을 예수의 사랑과 맺어주는 최고의 방법이다.

교회가 귀찮아!

4. 신비주의

오늘날 신앙고백서에 반대하는 기독교의 이면에 있는 제1문제는 아닐지라도 주요한 문제들 중의 하나는 *신비주의*이다. 신비주의는 정의를 내리지 않은 채 의미를 찾으려는 시도이다. 이것은 자기타당, 즉 성경 밖에서 "자신에게 말하는" 개인적 체험을 위해 *실존주의적* 체험을 찾는다. 새롭고 직접적인 체험에 대한 갈망 때문에, 교리는 방해만 될 뿐이다. 하나님을 알고 하나님께 순종하는 것에 관심이 없는 사람들이 예배를 체험을 하도록 도와주는 교회들의 입장에서, 초점은 반드시 유기적으로 연결된 진리가 아니라 예배자의 *감정*들에 맞춰져야 한다. 그들의 감정이 *진실한* 동안, 감정들의 이면에 어떠한 교리적인 기반도 필요하지 않다.

용어들이 쓰일 때, 객관적 의미가 중요한 것이 아니라, 주관인 함축된 의미가 중요하다. 예를 들어 하나님, 성령님, 예수님, 복음과 같은 모호한 종교용어들은 명확하게 정의 내려지지 않는 한 괜찮다. 예배자에게 이러한 종교적인 용어들에 자신들만의 의미를 덧붙이도록 두는 것이 더 낫다. 이 용어들이 모호하게 남아있는 동안, 이 용어들은 초월적이고 초자연적인 어떠한 것을 전달할 수 있다. 그리고 또, 찬양의 가사들과 설교가 더 영적이고, 더 초월적이고, 더 신비하고, 더 모호하면 할수록, 예배자에게 감정적이고 형언할 수 없는 체험을 더 그럴싸하게 일으킬 것이다.

이러한 예배자들의 목표는 하나님과 영적인 관계를 갖기 위한 소망과 같은 것에서 시작하지만, 이 *체험* 자체를 하나님보다 더 찾게 된다. "빛 되신 주Here I Am to Worship"라는 찬양에 쓰여진 대로, "나 주께 경배하리"라는 가사는 나 자신에게 초점을 맞추는 식으로 흘러갈 수도 있다. 바로 이 신비한 체험에 대한 충동과 갈망이, 짙고 어두운 연기가 현대 교회의 갈라진 틈들을 파고 들어가는 것처럼 파고 들어서 *진짜* 예배를 드릴 수 있다고 선전한다. 신비주의가 효력을 발휘하기 위해서, 명확한 교리적인 가르침은 반드시 과거의 것으로 남아 있어야 한다.

신비주의의 본질

신비주의는 이해하기에 난해하고 어려운 주제처럼 들릴지도 모른다. 그러나 실제로 신비주의의 기본교리들은 간단하다. 모든 신비주의의 다양한 형태에 세 가지 기본 개념들이

교회가 귀찮아!

있다. (1) 궁극적인 실체는 형언할 수 없거나 알 수 없다(사람의 언어와 이성적인 사고를 초월한다). (2) 이 궁극적인 실체를 알 수 있는 유일한 방법은 존재론적 체험의 형태로 가능하다 (나는 *존재론적* 체험이 인지적인 사고의 논리적 과정을 초월하는 체험이라는 뜻으로 말한다). (3) 일단 신비주의자들이나 예배자들이 궁극적인 실체를 체험하면, 그들은 이 체험을 다른 사람들에게 전하거나 공유하는 것이 불가능하다. 이 체험은 형언할 수 없어서 신비한 채로 남기 때문이다. 다른 유형의 신비주의는 이러한 '궁극적인 실체'를 표현하는 다른 말들을 가지고, 이러한 존재론적 체험을 하기 위한 다양한 방법들을 가진다. 그러나 그들 모두는 궁극적인 실체와 인지적인 사고 과정을 초월하는 어떠한 형태의 만남을 원한다. 신비주의는 예배자나 종교적인 구도자들이 객관적으로 성경의 지지를 받지 못하는 체험을 하도록 놓아둔다는 것이 요점이다.

신비주의의 영향

이머징 처치는 신비주의의 한 형태일 뿐이고, 절대적인 것들 없이 의미를 찾으려는 시도이다. 신비주의의 영향을 받지 않은 채 남아있는 기독교가 있다고 생각하는 것은 순진하다. 전 세계의 교회들은 교리에 기반을 둔 경험을 등지고 신비주의에 기반을 둔 체험으로 돌아섰다. 설교들은 (하나님을 알고 하나님을 사랑하는 방법에 대한) 신학을 떠나 (현재 최고의 삶을 살 수 있는 방법에 대한) 동기부여 강연들로 바뀌었다. 신학용어들이 쓰일 때, 그 용어들은 모호하게 두고, 다양한 해석의 여지를 남겨둔다. 음악이 설교보다 우선시 된다. 그리스도의 사역에 초점을 둔 옛 찬송가들의 풍부하고 교리적인 가사들은, 예배자의 감정들에 초점을 맞춘 피상적이고 반복적인 짧은 가사들로 대체되어 왔다. 오늘날 예배는, 교회가 예수 그리스도의 삶, 죽음, 부활에서 명백히 드러난 예수님의 사랑에 대해 함께 하나님께 찬양을 올려드리는 것이 아니라, 각 개인들이 모호한 하나님을 향한 자신들의 애정과 사랑에 젖어있는 것으로 변해왔다.

신비주의가 교회들에서 이토록 인기를 끄는 이유는, 신비주의가 의미 없고 절망적인 포스트모던 시대의 분위기 내에서 의미와 소망을 줄 뿐만 아니라, *영적이지 않은 사람들로 하여금 영적인 것을 느끼도록* 만들어주기 때문이다. 이러한 신비주의적 체험들은 예배자들에게 있어서 진짜이고, 예배 팀에 의해 쉽게 연출된다. 조명을 어둡게 하고 음악의 박자와 리듬으로 사람들을 흥분시키며 종교적인 짧은 말들을 던

교회가 귀찮아!

져주고, 초점을 예배자의 감정으로 돌리고 나서 음악의 박자를 빠르게 하면, 사람들은 영적인 것을 느낀다.

신비주의가 효과적인 또 다른 이유는 사람이 본래 신앙심을 가지고 있고, 원래 예배하고자 하는 바람을 가지고 있기 때문이다. 적절한 분위기를 만들고 난 후 이교도들에게는 우상을, 미국인들에게는 매력적인 예수를 제시한다면, 그들은 예배할 것이다. 이러한 피상적인 예배를 보기 위해서 여러분이 해야 할 것은, 회심하지 못한 친구들을 따라 교회에 간 후에, 그들이 "예배의 행위" 안에서 정신줄을 놓고 손을 높이 들어 올리는 것을 보는 것이다. 이것은 같은 통로에 앉아있는 진실한 그리스도인들 역시 주 예수님을 진정으로 예배하고 있지 않다는 이야기를 하려는 것이 아니다. 하지만 단순하게 분위기를 조작하는 것만으로도 이웃이 잘못된 예배를 드릴 수 있다. 신학을 숨기고, 사람의 감정에만 강하게 호소하라! 그러면 사람들은 영적인 감정을 느끼게 해주는 신비주의적인 체험을 즐길 것이다.

신비주의를 바로잡다

물론, 신비주의적 신학과 성경이 말하는 기독교 사이에는 몇 몇 유사점들이 있다. 주 예수 그리스도에 대한 구원지식은 성경의 참된 진술들에 대한 인지적인 이해 이상을 포함한다 (야고보서 2장 19절). 믿음으로 인해, 사람들은 주 예수님에 대한 인격적인 지식을 경험한다(에베소서 3장 14-19절). 이 구원지식은 표현할 수 없는 사랑, 기쁨, 평안을 가져온다. 덧붙여서, 그리스도 예수님에 대한 경험지식은 영적인 깨달음으로만 온다. 그래서 예수님에 대한 인격적인 지식은 말로는 표현할수 없다. 그리스도 예수님에 대한 우리의 경험지식을 다른 사람들과 나누는 것은 불가능하기 때문이다.

그렇기는 하지만, 성경의 기독교는 신비주의가 아니다. 근본적인 차이는 그리스도 예수님에 대한 구원믿음과 경험 지식은 인지적이고 이성적인 사고를 초월하는 존재론적인 체험에서 오지 않는다는 것이다. 어둠을 향한 믿음의 비약은 절대 없지만, 하나님의 말씀의 빛을 향한 믿음의 비약은 있다. 구원믿음은 오직 들음에서 나며, 들음은 오직 분명하게 선포되어지는 명료한 하나님의 말씀에서 난다(로마서 10장

17절). 처음으로 그리스도를 아는 것과 그리스도를 아는 지식 안에서 자라나는 것은 성경의 지식을 요구한다(요한복음 17장 17절). 교리, 깊이가 있는 교리는 그리스도인의 삶에 필수이다(데살로니가후서 2장 13절). 그러므로 만약 교회가 예배와 영적 성장에 있어서 사람들을 돕고자 한다면, 하나님의 기록된 말씀에 그 초점을 맞추면 될 것이다.

신비주의의 오류는 하나님은 형언할 수 없다(알 수가 없다)는 잘못된 전제 위에 근거를 세운 것이다. 그렇다, 우리는 유한에 묶여 있지만, 이것이 하나님과 사람 사이의 신성한 의사소통을 불가능하게 하는 것은 아니다. 먼저, 사람은 하나님의 형상으로 창조되었다. 이것은 무한하신 하나님과 유한한 사람 사이에 공통되는 기반을 제공한다. 이러한 공통된 기반 때문에, 사람이 하나님과 의사소통하는 것이 가능할 뿐만 아니라, 하나님께서도 사람과 의사소통을 하실 수 있다. 둘째, 하나님께서 자연계시와 특별계시를 통해 사람에게 자신을 드러내 오셨다(시편 19편 1-6절).

그러므로, 하나님은 알 수 없는 분이 아니시다. 더욱이, 신성한 계시는 모든 사람들이 핑계치 못할 만큼 보편적으로 이해할 수 있다(로마서 1장 20절).

*지성을 가진 사람*에게 일어난 타락한 결과들은(지성에 미친 부패의 결과들) 무엇인가? 육에 속한 사람은 영적인 진리를 분별할 수 없다고 성경은 말하지 않는가(고린도전서 2장 14절)? 그렇다. 타락한 인간은 하나님께서 주시는 생명과 멀어지게 되고 하나님에 대한 인격적 지식을 갖지 못한다. 결과적으로, 그 마음의 타락으로 인해, 사람은 하나님을 믿는 믿음이 없고, 신뢰 할 수 없고, 의지도 없는 상태이다. 그러나 이것은 타락한 인간이 성경의 진리의 내용들을 이성적으로 이해할 수 없다는 것을 의미하는 것은 아니다. 성경은 비이성적이지 않고 감각적 인식과 반하지도 않는다. 사실, 성경의 세계관은 경험적 감각들에 의해 인지되는 것과 같이 현실을 이해하는 유일한 세계관이다. 더욱이, 성경의 세계관만이 이성적으로 그 자체와 일치한다.

타락한 인간의 문제는 증거의 부족이나 진리에 대한 부족한 이해가 아니라, 진리에 대한 인식과 사랑의 부족이다. 빛이 세상에 들어왔지만, 성경은 사람들이 빛보다 어둠을 더 사랑하였다고 말한다(요한복음 3장 19절). 타락한 인간의 사고에

교회가 귀찮아!

있어서 문제는 증거의 부족이 아니라, 순종의 부족에 있다. 인간은 자기 자신을 사랑한다. 인간은 자신이 자주권을 가지고 있다고 생각하는 것을 좋아한다. 인간은 자신의 죄를 사랑한다. 그러므로 인간은 거룩하신 하나님께 복종하는 것보다 차라리 거짓을 믿거나 일관성이 없는 세계관을 받아들인다 (데살로니가후서 2장 10-11절). 인간은 자신의 부패한 마음에 얽매여 있다. 순종의 부족이 문제다. 바로 이 문제 때문에 예수님께서, 비록 죽은 자 가운데서 살아나는 자가 있을지라도 죄인들의 회개를 확신할 수 없다고 하신 것이다(누가복음 16장 31절).

요점은 비록 타락한 인간이 신성한 계시를 받아들이지 않더라도, 이 계시는 타락한 인간에게 진리를 전하는 데 효과적이라는 것이다. 사람이 진리를 알고 진리를 거부하는 것은 심판 날에 인간을 정죄하는 바로 그 기준이 될 것이다.

신앙고백서를 지지하다

신비주의의 해결책은 그리스도인의 믿음에서 감정들과 체험들을 배제시키는 것이 아니다. 이것은 실제로 그리스도인들을 죽은 교리로 이끌 것이다. 감정들은 그리스도인의 믿음에 있어 필수이고, 그리스도에 대한 경험지식 없이는 구원도 없다. 예배자의 감정들을 표현하는 찬양을 위한 자리가 있다.

그렇다면, 신비주의에 대한 해결책은 우리의 경험들과 감정들이 성경의 진리에 뿌리박고 있다는 것을 확실히 하는 것이다. 그 까닭은 하나님께서 *진리로 우리의 마음을 변화시키기로 정하셨기 때문이다. 진리와 동떨어진 채 하나님과 그어떤 인격적인 만남도 없다.* 만약 교회가 진리, 특별히 복음 안에서 굳게 설 필요가 있다면, 바로 지금이다. 교회는 사람들이 믿고 있는 것을 알 필요가 있고, 세상 앞에서 자신의 신앙을 고백하고 자신의 믿음을 지킬 준비가 되었는지 알 필요가 있다.

다시 말해서, 여기서 나의 가장 큰 관심은 오늘날 대중적이고 *자기중심적인* 신비주의에 관심을 불러일으키는 것이다. 그렇지만 우리의 모든 걸음에는 성령님의 인도하심을 따라 신비롭게 진리와 그리스도를 맛보는 경험이 필요한 지점이 있다. 이 경험은 성경과 조화를 이루고 절대 성경을 벗어나거나 성경과 모순되지 않는다. 진정한 "성경의 신비주의"

교회가 귀찮아!

의 참 모습 안에서 우리의 마음과 생각들의 반응은 항상 그리고 어떻게 해서든지 그리스도를 높이고, 자신의 경험 자체를 높이지 않아야 한다.

결론적으로, 스스로 존재하시는 크신 하나님께서는 절대 변하시지 않기 때문에, 비록 우주의 모든 것이 항상 변할지라도, 하나님께서는 변함없으시다. 하나님께서는 궁극적인 기준이시다. 절대적이고 변하지 않으시는 하나님께서는 무한과 유한을 나눈 초월적인 벽을 뚫고 나타나셔서, 우리의 믿음의 근거가 되는 말씀으로 우리에게 분명하게 말씀하신다. 하나님의 형상으로 만들어진 우리는 이러한 하나님의 말씀을 받기에 합당한 자들이다. 하지만, 타락으로 인하여, 우리는 하나님의 말씀을 잘못 해석할 수 있게 되었다. 성경이 올바르게 해석될 수도, 잘못 해석될 수도 있다고 하여, 진리가 상대적인 것은 아니다. 오히려, 진리와 오류는 상반된다. 그리고 성경의 해석은 옳거나 틀리다. 사람들은 성경의 의도된 의미를 올바르게 이해하거나 그렇지 못한다.

진리는 알 수 있고 절대적이기 때문에, 신앙고백서들이 더 중요하다. 만약 성경을 이해하는 것이 불가능했거나 성경을 잘못 이해하는 것이 불가능했다면, 그 어떤 신앙고백서도 필요하지 않을 것이다. 그러나 해석이 옳을 수도 틀릴 수도 있다는 것을 알게 될 때, 하나님의 말씀과 교회의 신앙고백을 비교하기 위하여 교회가 믿는 것을 아는 것은 아주 중요한 것이다. 교회의 각 지체 또는 앞으로 교회의 지체가 될 자들은 교회가 어떻게 성경을 해석하는지를 알 권리가 있다. 잘못된 가르침들이 우리 주변에 흘러넘치고 있는 이때, 교회들이 단지 "성경"을 믿는다고 말하거나 단순히 "예수를 사랑한다"라고 말하는 것으로는 충분치 않다. 두루뭉술한 신앙고백은 말해주는 것이 거의 없다. 바로 진리가 구원하고 진리가 성화시킨다. 지역 교회들은 근거 없는 신비주의적인 경험들을 위해 모호한 보편성과 규정되지 않은 종교 용어들의 뒤에 숨는 것을 그만두어야 할 때이다. 그리고 그들이 무엇을 믿고 있는지를 명확하게 진술해야 할 때이다.

교회가 귀찮아!

1. 신앙고백이란 무엇인가?

2. 신앙고백의 중요성에 대한 당신의 개인적인 생각은 무엇인가?

3. 신앙고백이 이토록 좋지 않은 평판을 얻게 된 몇 가지 이유는 무엇인가?

4. 신비주의란 무엇인가?

5. 신비주의가 오늘날 예배에서 성공할 수 있었던 이유는 무엇인가?

6. 우리가 믿는 것과 경험하는 것에 대하여 근거를 갖는 것은 얼마나 중요한가?

7. 어떠한 이유로 그리스도인의 믿음은 신비주의의 형태가 아닌가?

8. 교회가 자신들의 믿음의 내용을 설명하는 것과 공식적으로 선언하는 것을 두려워하지 않는 것이 왜 중요한가?

THE CHURCH
Why Bother?

제10장

◇◇◇

"선교, 얼마나 멋진 말인가"
지역 교회의 임무

지상대명령과 교회의 목적은 같다. 교회의 목적이 단지 복음 전도만으로 이루어져 있는 것은 아니다. 교회의 사명은 제자 삼는 것이다. 이것은 불신자들에게 복음을 전하는 것을 포함하지만, 하나님의 말씀의 모든 뜻을 성도들에게 가르치는 것도 포함한다. 복음을 세계에 전파하는 것은 지상대명령을 성취하는 데 있어 아주 중요한 부분이지만, 주일마다 강단에서 성도들에게 설교하는 것도 아주 중요한 부분이다.

교회의 임무는 그리스도께서 교회에게 가르치라고 명령하신 모든 것을 가르칠 때까지 완성되지 않는다. 우리는 세계 모든 곳을 향하여 나아가야 할 뿐만 아니라, 우리가 그곳에 갔을 때, 우리는 그리스도께서 우리에게 명령하신 모든 것을 그들에게 가르쳐 지키게 해야 한다(마태복음 28장 18-20절). 간단히 말해서, 교회의 임무는 성경의 모든 진리를 지키고 성도들에게 선포하고 세상에 복음을 전하는 것이다.

그것은 지상대명령이 아니다

제자로 삼는 것이 지상대명령의 목표이기 때문에, 교회와 세상 사이의 경계가 흐릿해서는 지상대명령을 성취하지 못한다. "교회 다니지 않는 사람들"과 더 나은 관계를 맺기 위하여 나이트클럽, 술집, 공원, 영화관에서 "예배를 드리려고"하는 것은 그리스도께서 교회의 사명문을 쓰실 때, 마음에 품으셨던 것은 아니다.

교회가 지역 사회의 문화에 섞이고 지역 사회의 활동들을 행하는 것으로 교회의 임무를 성취한다는 생각은 과녁을 벗어난 것이다. 노숙자와 가난한 자와 궁핍한 자를 돕는 것은 아주 칭찬받을 만한 일이다. 교회는 사회적 부당함에 대해서 관심을 가져야 하지만, 가난한 자를 돕는 것과 빈민가를 재

교회가 귀찮아!

활성화하는 것이 지상대명령의 한 부분은 아니다. 교회의 사명은 문화를 구원하는 것이 아니다. 교회의 사명은 구원자, 예수 그리스도를 전하는 것이다.

지상 명령의 핵심

지상 명령은 진리를 억압하고자 하는 세상 안에서 진리를 전하고 지키는 것과 관련해서 행하는 모든 일을 포함한다. 교회는 진리의 기둥과 터이기 때문에(디모데전서 3장 15절), 우리는 교회를 세우지 않고 진리를 전파할 수 없다. 우리가 세계 곳곳에 교회를 세우려 하지 않고서는 지역 사회에 복음을 전할 수 없고 세계 선교를 할 수 없다. 지상대명령의 목적이 그저 지옥으로부터 사람들을 건져내는 것이 아니기 때문이다. 그 목적은 제자 삼는 것이다.

하나님의 계획에 따라, 제자도는 지역 교회에서 행해져야 한다. 바울은 회심 받은 죄인들이 홀로 남아있는 것을 보려고 기쁨으로 복음을 전한 것이 아니었다. 바울의 선교의 결과물들은 교회들이 세워지고 사역자들이 세워질 때까지 끝나지 않았다. 이러한 이유로, 바울의 목표는 잃어버린 자들에게 복음을 전하고 성도들이 그들의 삶의 모든 영역에서 그리스도를 따르도록 준비시키는 것이다(에베소서 4장 11절).

자기중심은 멀리 보지 못한다

교회는 지역 사회에 복음을 선포하고 성도들을 제자로 삼을 책임을 가진다. 자기중심은 멀리 보지 못하지만, 교회의 우선순위는 사람들을 제자 삼는 것이다. 일단 우리가 그리스도인들이 되면, 교회는 더 이상 '우리'와 상관없다는 개념은, 간단히 말해서, 비성경적이다.

교회는 성도들을 위해 있다. 그 까닭은 교회는 성도들로 구성되어 있기 때문이다. 지역 교회는 교회의 회중을 세워나가는 일에 가장 큰 관심을 가져야 마땅하다. 회중의 성숙과 거룩이 교회의 목적이다. 만일 교회가 이 일에 실패한다면, 교회는 모든 일에 실패하는 것이다. 만일 교회가 회중을 돌보지 않는다면, 교회는 지구의 반대편에 있는 사람들에게 다가가려고 할 이유가 전혀 없다.

교회가 귀찮아!

하지만, 교회는 잃어버린 자들에게 복음을 전할 책임을 가진다. 그리스도께서는 우리 모두를 사람들을 낚는 어부로 부르셨다(마태복음 4장 19절). 우리는 세상의 소금과 언덕 위에 있는 빛으로 부름을 받았다(마태복음 5장 14절). 새로운 제자들을 만들지 않는 것은 다음 세대에 지옥의 문을 활짝 열어두는 확실한 하나의 방식이다.

복음 전파가 교회의 책임이라고 말하는 것은 지역 교회가 체계화된 전도행사를 진행하는 것이 필요하다고 말하는 것은 아니다. 교회는 각 성도들로 구성되고 복음 전도에 대한 책임은 교회의 각 지체들 위에 있다. 지역 사회에 다가가기 위하여, 교회는 지역 사회를 위한 전도행사들을 준비할 필요는 없지만, 교회는 교회의 회중에게 그리스도 안에서 가지는 소망의 이유를 묻는 사람들에게 답할 수 있도록 힘을 북돋아 주고, 답할 수 있는 실력을 갖추도록 해야만 한다(베드로전서 3장 15절).

만약 교회가 그 지역 사회에 복음을 전하길 원한다면, 교회는 회중에게 명확하고 정확한 복음을 가르치는 것보다 더 잘하는 일은 없다. 교회는 그리스도의 제자들이 복음을 전하도록 채비시키고 용기를 북돋아줘야 한다. 모든 그리스도인은 기본적인 복음의 내용과 오직 믿음으로 의롭게 된다는 칭의 교리를 알 필요가 있다. 또한 구원에 있어서 하나님의 주권을 이해하는 것은 복음을 전할 때 중요하다. 만약 교회가 이 핵심 교리들을 가르치는 것을 실패한다면, 교회는 지상대명령에 있어서도 실패하고 있는 것이다.

선교는 가정에서부터 시작한다

복음 전도는 우리와 가장 가까운 사람들부터 시작한다. 우리는 우리의 이웃들을 사랑해야 하고, 복음 전도도 우리와 가장 가까운 우리의 자녀들로부터 시작해야만 한다. 우리의 자녀들은 복음이 필요하다. 우리가 우리 자녀들의 구원에 관심이 없는데, 세계 미전도 종족의 원주민 아이들은 신경이 쓰이겠는가?

선교는 자녀 양육에서 시작한다. 자녀 양육의 1차 목적은 순종적인 아이들과 생산적인 시민을 길러 내는 것이 아니라, 보다 더 중요한 일이자, 더 불가능한 일이다. 오직 주님께서

교회가 귀찮아!

만 우리의 자녀들을 구원하실 수 있지만, 우리는 자녀들이 그리스도를 향하도록 하는 특권과 책임을 가진다.

교회는 부모들에게 성경이 말하는 자녀양육에 대해 가르쳐야 할 책임을 가진다. 교회들은 반드시 가정에서 가정예배를 드리도록 권면해야 한다. 선교할 때, 우리의 자녀들의 마음을 제자화시키는 것이 반드시 우리의 1순위이어야 한다.

선교는 우리의 지역 사회로 퍼진다

선교는 가정에서 시작한다. 그러나 마땅히 우리 이웃들의 거리로 흘러가야 한다. 모든 그리스도인은 선교사이다. 모든 그리스도인들은 당연히 복음전도자이다. 우리 모두가 같은 은사를 받거나, 다른 사람들과 같이 외향적인 성격이 아니다. 그러나 우리 모두는 빛으로 부름을 받았다. 만약 우리가 낯선 사람들을 만나는 것이 편하거나, 친구들에게 말을 재치 있게 잘하면, 우리는 반드시 다른 사람들에게 복음을 전하려고 해야 한다.

절대로 그리스도를 부끄러워하지 말라! 예수님은 다음과 같이 말씀하셨다. "누구든지 이 음란하고 죄 많은 세대에서 나와 내 말을 부끄러워하면 인자도 아버지의 영광으로 거룩한 천사들과 함께 올 때에 그 사람을 부끄러워하리라" (마가복음 8장 38절).

선교와 지역 교회는 당연히 분리되지 않는다

초대 교회의 소망은 당연히 오늘날의 교회의 소망이다. 초대 교회는 예루살렘에 복음을 퍼트리는 것으로 만족하지 않았다. 불과 몇 년 만에, 복음은 알려진 세계 곳곳에 퍼져 나갔다. 사도행전은 복음의 확산과 초대 교회의 교회 개척을 위한 노력들을 연대기순으로 기록한다.

교회로부터 선교를 분리시키는 것은 지상대명령을 잘못 이해하고 있는 것이다. 선교는 교회의 책임이다. 지역 교회는 선교사들을 파송하고, 파송선교사들은 지역 교회를 세우려고 노력해야 한다.

교회가 귀찮아!

그리스도인들이 지역 교회에 먼저 순종하지 않은 채, 선교사가 되려고 하는 것은 잘못이다. 안타깝게도, 지역 교회에 순종하지 않고, 스스로 선교사로 부름을 받았다는 사람들이 너무 많다. 그들은 지역 교회의 재정지원은 원한다. 그러나 교회의 관리와 감독은 원하지 않는다.

덧붙여서, 지역 교회가 미전도 지역에 세워지고 교회의 지도자가 임명되기까지, 선교사들은 파송교회에 책임을 다해야 한다. 해외 선교는 지역 교회에서 시작되어야 하고 지역 교회를 세우는 것을 목표로 삼아야 마땅하다.

교회들은 선교사들을 파송하고 후원하기를 원해야 마땅하다. 바울은 빌립보 교회에게 자신의 선교사역의 수고들을 후원할 것을 권했다. 비록 빌립보 교회가 부유하지는 않았지만, 그들은 자신들의 도시 밖에 하나님의 왕국을 도래시키려고 하였다.

교회를 개척하는 것이 목표이기 때문에, 가능하면 그 지역 목사를 지원하고 훈련시키는 것이 가장 지혜로운 방법인 것처럼 보인다. 바울은 이미 번영한 교회가 있는 곳에서는 사역하지 않았다. 그는 복음의 증인이 전혀 없는 곳에 가기를 구했다.

이미 건강한 교회가 있는 곳에 선교사들을 파송하는 것은 말이 되지 않는다. 차라리 그 지역에 이미 발을 딛고 있는 교회들과 목사들을 후원하는 것은 어떤가? 그 지역 목사들은 많은 이점들을 가진다. 그들은 이미 언어에 익숙하고, 그들은 고국에 돌아가기 위한 긴 휴가를 요구할 필요가 없고, 그들은 4년에서 8년 정도가 지난 후에도 그 지역을 떠나지 않을 것이다.

선교는 하나님을 믿는 믿음의 문제이다

교회는 큰 책임감을 부여받았다. 비록 민족들에게 나아가는 것이 불가능해 보일지라도, 교회는 하나님께 약속을 받았다. "볼지어다 내가 세상 끝날까지 너희와 항상 함께 있으리라 하시니라"(마태복음 28장 20절). 그래서 회중의 수와 상관없이, 교회는 핑계치 못한다.

교회가 귀찮아!

선교의 목표

교회와 선교의 궁극적인 목표는 하나님의 영광이다. 잃어버린 영혼을 향한 관심은 마땅히 복음을 전하도록 우리를 이끌지만, 하나님을 향한 사랑은 모든 민족 가운데 그리스도의 이름이 영화롭게 되기를 바라는 큰 소망으로 우리의 마음을 뜨겁게 달군다. 아, 그리스도의 이름이 모든 나라와 민족으로부터 찬양을 받을 것이다! 오, 그리스도의 이름이 우리의 가정과 지역 사회와 그리고 세계의 방방곡곡에서 영화롭게 될 것이다! 오, 그리스도께서는 우리의 교회에서 영광을 받으실 것이다!

요약

이 짧은 책을 마무리하면서, 우리는 교회의 본질, 목적, 예배, 회중됨, 권징, 권위, 교리를 설명하고자 노력해왔다. 교회는 그리스도를 따르는 자들로 구성된다. 건물이나 교회의 계약들로 구성되지 않는다. 그러므로 지역 교회 안에서, 다른 성도들을 위해 자기 자신을 헌신하고 하나님께서 주신 역할들,

활동들, 책임져야 하는 일들을 해내면서 살아내는 사람이 바로 그리스도인이다.

1. 지상대명령이란 무엇인가?

2. 제자 삼는 것이 지역 교회의 책임인 이유는 무엇인가?

3. 선교가 지역 교회로부터 분리되어서는 안 되는 이유는 무엇인가?

4. 선교가 가정에서부터 시작되는 이유는 무엇인가?

5. 가정 예배가 중요한 이유는 무엇인가?

6. 누가 복음 전도에 책임이 있는가?

7. 교회가 해외선교에 관심을 가져야 하는 이유는 무엇인가?

8. 선교의 목적은 무엇인가?

THE CHURCH

Why Bother?

부록 1

◇◇◇

"헌신 vs. 출석"
교회 회중 동의서

성경은 모든 그리스도인들이 지역 교회의 회중됨으로 신실하고 적극적으로 활동하도록 부름을 받았다고 가르친다. 성경은 또한 지역 교회가 체계, 조직, 책임이 없는 루스 리프(종이를 마음대로 갈아 끼우거나 보충할 수 있는 장치) 구조가 아니라고 가르친다. 교회의 회중됨은 가볍게 여겨질 수 없다. 서로에게 순종하고, 서로를 위해 기도하고, 서로를 책망하고, 서로를 돕고, 돌보고, 함께 예배하고, 서로 나누고 교제하는 것은 지역 교회의 지체의 책임들과 복들의 전부이다. 이러한 이유로, 이를 위한 공개적 신앙고백과 순종의 헌신이 불필요하거나 율법주의로 여겨질 필요는 없다.

회중 동의서의 목적

우리가 중생을 통하여 그리스도의 몸에 인격적으로 연합하는 것은 우리의 마음을 하나로 결속시키고, 우리를 지역 교회의 품 안으로 서로 모이고, 헌신하고, 순종하도록 이끈다. 이 인격적인 연합은 사람 앞에서 맺어진 표면적인 언약이 아니다. *교회 언약*(또는 회중 동의서)이 오직 성령님께서만 하실 수 있는 것을 만들어낼 수는 없다.

*교회 회중 동의서*를 가지는 우리의 의도는, 그리스도께서 세우시고 지키시기로 약속하신 유일한 기관인 교회에 가입하고 적극적으로 신앙생활을 하도록 하여, 그리스도인들이 그리스도께 충성하고 순종하도록 자극하는 것이 아니다. 이 동의서는, 하나님께서 하나님의 섭리로 우리를 놓아두신 교회에 우리가 진심으로 인격적으로 전념하고 헌신하길 원한다는 단순한 외적 인정이다.

이 논리를 따르면, *회중 동의서*는 두 가지 목적을 가진다. 첫째, 만약 지역 교회의 회중이 오직 성도들만으로 구성되어야 한다면, *회중 동의서*는 헌신하지 않는 거짓 성도들이 교

교회가 귀찮아!

회에 침투하지 못하게 도와준다. 다시 말해서, 이 동의서는 한 사람의 신앙고백에 대한 증거이고 그 고백을 입증하는 목적을 가진다. 더 단도직입적으로 말하면, 이 동의서는 단지 다른 오락거리나 친목의 장이나 종교적 해결책을 찾길 바라는 사람들로부터 교회의 회중됨을 지키도록 도와주는 것이다. 교회가 교회에 방문하고 출석하는 모든 사람을 환영하지 않아야 한다고 말하는 것이 아니라, 회중됨은 신실하고 말씀을 따르고 말씀에 순종하기를 소원하고 이를 드러내는 사람들을 위해 마련된 것이다. *회중 동의서*는 그 의도가 믿지 않는 모든 사람을 회중에 가입시키는 것을 막겠다는 것이 아니라, 적어도 공개적으로 하나님의 말씀을 따르지 않는 사람들이 가입하는 것을 막는 데 도움이 된다는 것이다.

둘째, *회중 동의서*는 하나님께서 교회의 회중들에게 요구하시는 모든 것을 자세하게 설명해준다. 지역 교회에 가입하기를 소망하는 사람들은 회중으로 그들이 헌신해야 하는 모든 것들에 대해서 미리 알 필요가 있다. *교회 회중 동의서*는 회중의 일을 행하기 위한 도구이다. 그리고 회중의 특권들과 책임들을 설명한다.

가입 절차들

한편으로, 교회의 회중됨은 당연히 아무런 검증 없이 너무 빠르게 거리낌 없이 승인되어서는 안 된다. 반면에, 교회의 회중은 당연히 그리스도에게 순종하고자 하는 소망을 보인 참 그리스도인에게는 보류되어서는 안 된다. 그 마음에 이렇게 균형을 유지하면서, 그리스도인들은 교회의 회중에 가입하기 위해서 여러 장애물들을 뛰어넘어야 한다고 느끼지 않아야 한다. 하지만, 모든 사람이 자유롭게 회중이 되는 것(이는 회심을 받지 못한 자들조차 진정한 그리스도인들처럼 쉽게 교회 회중에 가입할 수 있도록 허락하는 것이다)을 막기 위한 몇 가지 안전장치는 분명히 필요하다.

교회에서 우리는 성도들을 환영하는 것과 회심을 받지 못한 자들을 제한하는 것에 있어 균형을 유지하려고 노력한다. 이에 따라 우리에게는 새로운 지체들을 교회의 몸으로 인정하는 간단한 여섯 단계가 있다.

1. 당신이 교회를 알고, 교회가 당신을 알 수 있도록 일정 시간 동안 참여하라.

교회가 귀찮아!

2. 교회의 지도자와 만나서 당신의 회심을 증언하라.

3. 만일 이전에 침례를 받지 않았다면 기꺼이 침례를 받으라.

4. 당신이 그 교회의 가르침의 내용들과 사역의 핵심적 특징들을 이해한다고 확실히 말하라.

5. *교회 회중 동의서*를 기도하는 마음으로 모두 읽고 그것에 동의하라.

6. 회중이 되었다는 것을 교회로부터 공식적으로 확증 받아라.

교회 회중 동의서

내가 믿는 바와 같이, 나는 성령님의 인도하심으로 주 예수 그리스도를 나의 주님, 나의 구원자로 받아들인다. 그리고 침례 받을 때, 나의 순종으로 증명된 공개적인 나의 신앙고백을 의지하여, 이제 나는 하나님과 이 모임 앞에서 가장 엄숙하고 기쁜 마음으로, 그리스도 안에서 한몸으로서 서로에 대한 나의 의무를 받아들여 다음의 내용을 고백한다.

신앙의 핵심 교리들에 대한 나의 의무

나는 성령님께서 자신의 말씀을 통하여 나에게 주신 다음의
내용을 내가 이해한 만큼 믿고 굳건히 지킬 것을 진심으로
고백한다.

1. 성경의 권위와 영감

2. 성경의 하나님께서 유일하신 참 하나님이시며 살아계
   신 하나님이시다.

3. 하나님께서는 본질상 한 분이시고 위격에 있어서 성부,
   성자, 성령 세 분이시다.

4. 그리스도께서는 동정녀 마리아에게서 나셨다.

5. 그리스도께서는 완전한 하나님이시면서, 성육신을 통
   해 사람이 되셨다.

6. 그리스도께서는 죄 없으시고 완전한 삶을 사셨다.

7. 그리스도께서는 죄책이 있는 죄인들의 죄들을 사하시
   기 위하여, 죄 없이 십자가에 달려 죽으셨다.

8. 그리스도께서는 죽은 자 가운데서 부활하셨다.

9. 구원은 오직 은혜로, 오직 믿음을 통해 오직 그리스도
   안에서 받을 수 있다.

10. 그리스도께서는 마지막 날에 그 모습 그대로 다시 나

교회가 귀찮아!

타나실 것이다.

11. 그리스도께서 다시 오시는 날, 죽은 자의 일반적인 부활이 있을 것이다.

12. 그리스도 안에 있는 자들은 영원한 기쁨으로 들어갈 것이고, 그렇지 않은 자들은 영원한 형벌로 들어갈 것이다.

교회에 대한 나의 의무

그리스도인으로서 나의 삶을 위해, 성경에 기반을 둔 성경적이고 신실한 교회에 가입하는 것이 하나님의 뜻이라는 것을 알고, 성령님의 도움으로 나는 다음의 내용에 헌신할 것이다.

1. 진리의 증진에 힘쓰겠다.

2. 그리스도의 몸에 연합하도록 노력하겠다.

3. 형제들 가운데 거룩을 증진시키겠다.

4. 적극적으로 참여하고 교제하겠다.

5. 서로에게 순종하겠다.

6. 형제간의 사랑으로 서로를 돌보겠다.

7. 기도 중에 서로를 기억하겠다.

8. 주님께 하듯 서로를 힘써 섬기겠다.

9. 주님께 하듯 교회의 사역자들에게 순종하며 그들을 존경하겠다.

10. 개인의 양심의 문제나 불필요한 교리적 불일치로 분열하지 않겠다.

11. 성령님께서 인도하시는 대로 기쁨으로, 규칙적으로 헌금하겠다.

12. 교회의 권징을 지속시키겠다.

지역 교회에 대한 나의 의무

덧붙여서, 내가 이 지역에서 이사를 가게 될 경우, 나는 가능한 한 빨리 하나님의 말씀의 원리들을 행할 수 있는 교회, 성경이 가르치고 있는 교회와 연합할 것이다. 하나님의 말씀의 원리들이 교회 회중됨에 녹아 있는 교회와 연합할 것이다.

교회가 귀찮아!

THE CHURCH
Why Bother?

부록 2

◇◇◇

"연합, 관심 없다"
지역 교회의 연합을 유지하자

그리스도인의 연합은 하나님께서 보시기에 아름다운 일이다. 그리스도인의 연합은 불화가 없는 것 그 이상이다. 이 연합은 사랑과 선한 의도로 가득 찬 따뜻한 교제를 말한다. 다윗은 "보라, 형제가 연합하여 동거함이 어찌 그리 선하고 아름다운고"라고 말한다(시편 133편 1절). 한 마음과 한 뜻으로 하나님을 함께 예배하는 것보다 더 귀한 것은 없다. 이것이 천국과 가장 가까운 모습이다.

그리스도인의 연합은 그리스도 예수 안에서 그리스도인들 모두가 가지는 교제로 인해 확고히 세워진다. 교회는 한 성령님으로 말미암아 한몸이고, 연합된 상태이다. 이 연합은 이해관계를 공유하는 관계 그 이상의 깊은 관계이다. 이는 하나님의 백성들 모두가 예수 그리스도 안에서 공유하고 있는 영적인 삶에 뿌리를 두고 있기 때문이다.

그러나 안타깝게도 모든 교회가 이 연합을 경험하지는 못한다. 당 짓는 행위들, 불화들, 파벌들은 교회들 안에 많이 있을 수 있다. 이는 두 가지 이유 때문이다. 첫째, 밀과 가라지가 보통 함께 자라는 것 같이, 불신자들이 교회의 회중에 종종 섞여 있다. 영적인 거듭남 없이, 성령님 안에는 그 어떤 연합도 없다. 둘째, 비록 그리스도인들이 새로운 본성을 가지고 그리스도와 연합하고, 서로 연합한다고 할지라도, 그들은 여전히 죄와 싸우고 있다. 그리스도인들이 교만할 수 있고 무정할 수 있고 마음에 상처를 줄 수 있다. 용서하지 않고 교만함이 있는 곳에서는 연합이 이루어지기 어려울 것이다. 막론하고, 이것은 *죄*가 교회의 불화의 원인이라는 것을 의미한다.

우리는 어떻게 불화와 싸워야 하는가? 우리는 어떻게 죄와 싸워야 하는가? 교회의 연합을 발전시키는 방법은 무엇인가? 비록 하나도 빠진 것 없는 목록은 아니지만, 우리 교회

교회가 귀찮아!

안에서 성령님의 연합을 유지할 수 있는 최소 10가지 방법들이 여기 있다.

1. 연합을 유지하는 것은 우리의 책임이라는 사실을 이해하라

바울은 다음과 같이 우리에게 권한다. "너희가 부르심을 받은 일에 합당하게 행하여 모든 겸손과 온유로 하고 오래 참음으로 사랑 가운데서 서로 용납하고 평안의 매는 줄로 성령이 하나 되게 하신 것을 힘써 지키라"(에베소서 4장 1-3절). 연합을 위해 필요한 많은 특성들, 즉 겸손, 온유, 오래 참음, 그리고 사랑이 여기에 나열되어 있다. 바울의 권고는 "성령이 하나 되게 하신 것을 힘써 지키기" 위하여 이러한 특성들을 사용하라는 것이다. 이 권고는 연합이 당연한 일로 여겨질 수 없다는 사실을 암시한다. 이기심은 여전히 우리 모두 안에 있고, 죄는 교회 안에서 계속해서 생겨날 것이다. 이것이 오래 참음과 용서와 사랑이 성도들에게 필요한 특성들인 이유이다. 만약 교회 안에 그 어떤 이기심도 존재하지 않는다면, 용서는 필요 없었을 것이다. 하지만, 오래 참음과 용서가 요구된다. 그 까닭은 여전히 분열의 위험이 존재하기 때문이다. 우리는 성령의 열매를 나타내고 드러내도록 부름을 받았다. 그 까닭은 우리는 성령님께서 하나 되게 하신 연합을 힘써 지키기 위하여 우리가 할 수 있는 모든 것을 해야 하는 책임을 하나님께 부여받았기 때문이다. 만약 우리가 이러한 책임을 무시한다면, 우리는 죄 가운데 거하고 있는 것이다.

2. 분열을 일으키는 것을 죄로 이해하라

갈등과 불화는 뿌리기 쉽다. 그러나 하나님의 포도밭에서 이러한 악한 씨앗들을 심는 자들에게는 화가 있을 것이다. 하나님께서는 죄를 싫어하신다. 그리고 "형제 사이를 이간하는" 것은 죄이다. 아주 큰 죄이다(잠언 6장 19절). 하나님의 백성들을 갈라지게 하는 것과 교회의 연합을 찢는 것은 정말로 아주 큰 죄이다. 만약 우리가 성령님께 연합을 명령 받았다면, 성도들 사이에서 불화가 시작될 때, 우리는 하나님께 죄를 짓고 있다는 것을 반드시 명심해야 한다.

3. 까다로운 사람들을 사랑하라

구부러진 나뭇가지들은 잘 포개지지 않기 때문에 구부러진 나뭇가지들을 묶는 것은 어렵다. 하지만, 구부러진 나뭇가지들을 끈으로 묶으면, 쉽게 묶인다. 청교도 토마스 왓슨은 그리스도인들의 공동체가 마치 사랑으로 함께 묶여진 구부러진 나뭇가지 한 묶음과 비슷하다는 것을 우리에게 상기시킨다. 우리의 각자 다른 성격들이 항상 잘 맞을 수는 없다. 우리의 결점들은 종종 사람들을 화나게 한다. 하지만, "사랑은 허다한 죄를 덮는다"(베드로전서 4장 8절). 사랑은 "온전하게 매는 띠이다"(골로새서 3장 14절). 만약 우리가 다른 사람들의 모난 성격들을 눈감아주고 성령님께서 하나 되게 하신 연합을 힘써 지킬 수 있다면, 사랑은 반드시 승리할 것이다.

단점을 쉽게 찾아내고 아주 작은 의견 충돌조차 불평하는 비판적인 마음은 교만과 이기심의 증상이다. 사랑은 최선을 생각한다. 사랑은 유죄가 입증될 때까지 사람들을 무죄라고 가정한다. 사랑은 그 어떤 악도 생각하지 않고 악을 기뻐하지 않는다. 만약 우리가 우리 자신을 사랑하는 것처럼 다른 사람들을 사랑한다면, 우리는 마땅히 사람들의 미심쩍은 점들을 선의로 해석하려 했을 것이고 그들에 대해 가장 최고로 생각하려고 했을 것이다.

4. 우리의 마음을 교회에서 떠나지 않도록 하라
우리는 반드시 우리의 마음을 지켜야 한다. 공개적으로 터져 나오기 이전에, 불화는 보통 안에서 생긴다. 일단 우리의 걱정들을 제대로 다루지 않은 채, 몇 가지 일들에 대해 비판적이 되고 불만족하게 되면, 우리는 문제들을 찾기 시작할 것이다. 그러나 문제들을 찾기 시작하게 되면, 수문이 열리고, 우리는 어디에나 비난할 것들이 있다는 것을 본다. 우리는 그 즉시 교회를 떠나지는 않을 것이다. 그러나 우리의 사랑과 애정은 이미 교회를 떠나기 시작하고 있을 것이다. 비록 우리가 여전히 지체로서 교회에 출석한다고 할지라도, 우리의 마음은 이미 교회를 떠났다. 한 때는 사랑과 친절이 다스렸던 곳이, 지금은 분열의 틈, 비판적인 마음이 다스린다. 우리가 완전히 교회와 멀어질 때까지, 우리는 서서히 점점 더 교회의 역할들을 잃어버리기 시작할 것이다. 이것은 교회의 연합에 있어서 균열을 초래한다.

우리는 화해하려 하지 않은 채 교회의 지체, 형제에게 적대감을 품는 것이 죄라는 사실을 반드시 기억해야 한다(잠언 10장 18절). 용서하려 하지 않은 채 마음속에 노여움을 품고 있는 것은 우정의 관계들을 갈라놓고 교회의 연합에 금이 가게 한다. 그렇기에 우리는 반드시 주의하여 모든 형태의 분노와 질투와 교만으로부터 우리의 마음을 지켜야 한다. 우리는 반드시 우리의 형제들을 향한 사랑을 유지하고, 절대로 비통함이나 언쟁이 하나님의 백성들을 향한 우리의 애정을 사라지

교회가 귀찮아!

게 하도록 놓아두어서는 안 된다.

5. 험담을 은혜의 말씀으로 바꾸어라

비판적인 마음은 전염성이 있다. 교회 전체에 아주 빠르게
퍼질 수 있다. 심지어 그들이 옳을 때조차, 일반적으로 사소
한 불평들은 불만을 만들어내고 불만은 교회 분열을 야기할
때까지 퍼져나간다. "나는 교회가 방문자들에게 좀 더 우호
적이었으면 좋겠다." 또는, "교회가 선교에 충분히 집중하고
있지 않는 것 같다." 이러한 말들이 적절한 염려들일지도 모
르지만, 이러한 불평들은 잘못 처리되고 불화를 초래할 수
있다.

사소한 불평은 보통 단순한 염려에서 시작되지만, 그 불
평은 머지않아 험담으로 변질된다. 그 문제를 다른 사람들에
게 이야기하기보다, 오히려 성경의 방법으로 문제를 해결하
고자 노력해야 한다. 더욱이, 우리가 다른 사람의 불평들을
들었을 때, 우리의 불평을 말하는 것은 자연스러운 일이다.
"음, 당신은 선교에 대해 염려하네요, 나는 그들의 회의에서
그 일이 어떻게 처리될지 걱정하고 있어요." 우리는 비판적
이 되고, 우리의 비판적인 마음들은 다른 사람들도 비판적이

되도록 영향을 미친다. 우리는 우리의 마음에서 죄를 지을 뿐만 아니라, 다른 사람들이 죄를 짓도록 이끈다. 우리는 교회의 연합을 단단하게 하는 것을 멈추고 성도들 사이에 불화의 씨앗을 뿌리고 있다.

교회에 대한 염려는 잘못이 아니지만, 일단 우리가 교회의 결점들을 지적하고 다른 사람들과 교회의 결점들에 대해서 이야기를 하는 것을 즐거워하면, 우리는 사랑으로 생각하지 못할 것이다. 우리가 우리의 형제를 비방한다. 그리고 이것은 하나님의 법을 어기는 것이다(야고보서 4장 11절). 사소한 일들은 그냥 지나칠 수 있어야 한다. 사랑은 이러한 일들을 덮기 때문이다. 하지만, 사소한 일들에 설명이 필요할 경우, 우리는 마땅히 그 일과 직접 관련이 있는 사람들에게만 직접 이야기를 해야 한다. 대부분의 경우에는 교회의 지도자들에게 이야기를 해야 마땅하다. 이것은 성령님께서 하나 되게 하신 연합을 힘써 지키면서, 문제를 해결하고자 하는 바람과 온유한 심령으로 행해져야 마땅하다(갈라디아서 6장 1절).

우리가 다른 사람들이 교회에 대해 불평하는 것 (교회의 각 성도들의 이름, 교회의 명성을 비방하고 떨어뜨리는 불평들)을 들을 때,

교회가 귀찮아!

우리가 연합을 지킬 수 있는 한 가지 방법은 그들의 비난을 은혜의 말씀들로 바꾸는 것이다. 바울은 우리에게 다음과 같이 권고한다. "무릇 더러운 말은 너희 입 밖에도 내지 말고 오직 덕을 세우는 데 소용되는 대로 선한 말을 하여 듣는 자들에게 은혜를 끼치게 하라"(에베소서 4장 29절). 이 권고는 모든 상황에서 행해져야 한다. 만약 우리의 대화가 다른 사람들이 하나님과 동행할 수 있도록 도움을 주는 것이 아니라면, 우리는 반드시 성령님과 하나님의 말씀이 우리의 마음을 재조율하시기 전까지 말을 삼가야 한다.

그래서 우리가 불평하는 말을 들을 경우, 우리는 그 사람에게 험담의 위험에 빠져 있다고 말할 필요가 없다. 우리는 간단히 그리고 부드럽게 대화를 바꾸면 된다. 험담의 방향을 바꾸는 최선의 방법들 중의 하나는 "그 형제가 걱정되죠? 우리는 그를 사랑해요. 이 일에 대해서 그 형제와 이야기 나누어 봤어요? 함께 가서 이야기 해 볼래요?"라는 식으로 이야기하는 것이다. 이 방법은 보통 효과가 있다. 결국, 목표는 항상 우리의 소중한 형제들을 화해시키고 높여주려고 노력하는 방식으로 반응하는 것이다. 우리의 형제들을 찢어놓으면 안 된다.

그렇지만, 만약 우리가 그들과 험담한다면, 우리는 그들과 함께 죄책감을 느끼게 된다. 우리의 형제들의 명예를 보호하는 것 뿐만 아니라 그들이 다른 사람들을 비방하지 않도록 돕는 것 역시 우리의 의무이다. 만약 교회 안에서 험담이 계속 된다면, 이것은 의심의 여지없이 그리스도의 몸에 큰 분열을 가져올 것이다.

6. 교회의 문제들을 여러분 자신의 문제로 여겨라

비판적인 마음으로 분열을 일으키고 감정적으로 교회와 멀어지는 것으로부터 우리의 마음을 지키기 위해, 우리는 반드시 교회의 문제들을 우리의 문제로 여겨야 한다. 언제나 그렇듯이 만약 교회 안에 문제가 있다면(항상 있다), 그 문제들은 우리의 문제들이다. 우리는 그것들을 바로잡을 책임을 가지고 있다. 우리는 모두 각자의 삶에서 죄를 지으며 살아가지만, 이것이 우리로 하여금 *자신으로부터* 자신을 떼어내도록 하지는 않는다. 이것은 불가능할 뿐만 아니라, 우리는 자기 자신을 너무 사랑해서 스스로를 포기할 수도 없다. 우리는 우리의 문제들을 자세히 살핀다. 그리고 우리가 그것들을 처리한다. 하지만, 교회의 문제에 맞부딪칠 때, "교회가 이렇게 하네, 또는 교회가 저렇게 하네"라고 말함으로써 너무나도 쉽게 교회와 우리 자신을 분리시킨다. 마치 우리가 교회의 몸과 전혀 연합되어 있지 않은 것처럼, 우리는 교회의 문제들과 우리 자신을 분리하려고 하는 경향이 있다. 우리는 우리의 교회에 교회이름을 붙여 부르며, "은혜침례교회는 방문자들에게 그다지 우호적이지 않다"라고 말하면서 불평하기 시작한다. 그 어떤 목사도 교회의 회중이 "교회는 이렇게 해야 마땅하다, 또는 교회가 이 일을 잘못하고 있다"라고 말하는 말을 듣고 기뻐하지 못한다. 오히려, 우리는 "우리가 방문자들을 더 잘 환영해 줄 수 있었는데 아쉽다" 또는, "우리 교회가 어떻게 하면 방문자들을 더 잘 환영해 줄 수 있을지 곰곰이 생각해봐야 할 필요가 있을 것 같다. 필요하다면 제가 기꺼이 돕겠다"라고 말해야 마땅하다. 교회의 문제들을 우리 자신의 문제로 생각하는 것은 교회의 잠재적인 분열을 가져오지 않고 교회의 문제를 해결할 수 있는 유익한 방법이다.

7. 부족한 부분들을 채우라

일단 우리가 교회의 문제들을 자신의 문제로 여기고 나면, 우리가 해야 할 다음 단계는, 부족한 부분들을 채워 교회의 약한 부분들을 강하게 하려는 노력이다. 교회는 필요한 만큼의 환영을 하지 못할 수도 있지만, 문제에 대한 우리의 인식이 그 문제를 해결하도록 한다. 교회의 결점을 보고 우리의 마음속에서 비판의 글들을 써 내려가기보다는, 우리가 먼저 모든 방문자에게 친절을 보이는 본보기가 되도록 노력해야 마땅하다. 교회에서 사람들의 무관심에 가장 많이 불평하는 사람은 보통 다른 사람에게 다가가려는 노력을 거의 하지 않는 사람이라는 것은 놀랄만하다. 만약 우리가 필요한 것을 보았다면, 우리는 그 필요를 채워주기 위하여 노력해야 마땅하다. 우리의 좋은 모범은 다른 사람들에게 역시 좋은 영향을 미칠 것이다. 우리는 교회의 모든 회중이 같은 은사를 받지 않았다는 사실을 반드시 기억해야 한다. 우리가 방문자들에 대한 걱정을 한다고 해서 모든 사람들이 똑같이 방문자들을 신경써야 한다는 기대를 해서는 안 된다. 하지만, 의심할 여지없이, 우리의 부족함이 보이는 순간에는 다른 사람들이 그 짐을 함께 옮기기 위하여 도움을 줄 것이다. 만약 우리가 다른 사람들의 짐을 함께 지고자 하지 않고 교회의 약한 부분들을 강하게 하려고 하지 않는다면, 우리는 그들의 약한 부분들에 대해 불평할 권리가 없다.

8. 하나님 앞에서 겸손하라

그렇지만, 이러한 모든 것들은 겸손에 달려 있다. 교만한 사람들은 다른 사람들에 대한 만족을 절대로 느끼지 못하는 반면, 겸손한 사람들은 그들 곁에 친구가 있다는 사실에 아주 감사한다. 진정한 교회는 하나님의 소중한 자녀들로 이루어진다. 그들은 단점들을 가지고 있을 수도 있다. 그러나 그리스도께서 그들과 함께 계신다. 그들은 주님을 사랑하고, 그들은 그들만의 고유한 방식으로 하나님께서 주신 은사를 가지고 있다. 이 세상은 이러한 사람들과 어울리지 않는다. 우리는 이렇게 영광스러운 모임에 참여할 자격이 없다. 우리는 겸손해야 하고 이 사실을 기억할 필요가 있다. 우리가 하나님의 귀한 백성들 가운에 포함되었다는 사실은 하나님의 은혜로 인한 것이다. 오직 하나님의 은혜로 인한 것이다. 우리는 마땅히 바로 이 사실을 기억해야 한다.

바울이 "마음을 같이하여 같은 사랑을 가지고 뜻을 합하며 한마음을 품어"(빌립보서 2장 2절)라고 우리에게 권면했을 때, 그는 우리의 주 예수 그리스도의 겸손을 우리에게 보여주면서 권면했다. 만약 예수 그리스도께서 우리를 받아들이시기까지, 우리를 섬기시기까지, 심지어는 우리를 위해 죽으시기까지 충분히 겸손하셨다면, 우리는 교회의 연합을 우리의 개인적인 유익들과 관심들보다 얼마만큼 우위에 두어야 마땅하겠는가? 그리스도께서 대신하여 죽으신 형제들 말고, 누구에게 우리는 선을 베풀 수 있는가?

9. 권징에 순종하라

지금까지 언급한 모든 내용과 관련 있는 주된 반대 의견이 있다. "당신은 나의 특수한 상황을 모른다." "우리 교회에 있는 상황들 아래에서는 연합을 유지하기 불가능하다. 이곳에는 통탄할 만한 죄들과 이단적인 가르침이 있다." "내가 무엇을 해야 한다고 생각하는가? 나는 아무런 문제가 없는 것처럼 행동해야 하는가?" 이러한 상황 속에서도, 우리는 여전히 성령님께서 하나 되게 하신 연합을 힘써 지킬 수 있는 모든 것을 계속 해야만 한다. 우리는 결코 이 명령에 순종하는 것에서 예외가 될 수 없다. 이러한 상황 속에서 성령님께서 하나 되게 하신 연합을 지킬 수 있는 방법은 권징을 행하는 것이다. 우리는 험담을 하거나 비판적인 마음을 품어서는 안 되지만, 마태복음 18장에 있는 그리스도의 지침들을 따름으로써 한몸 된 연합을 유지하기를 개인적으로 노력해야 한다. 우리는 반드시 용서와 화해를 소망해야 한다. 통탄할 만한 죄들이 교회 안에 있을 때, 우리는 반드시 그 문제(들)와 직접적인 관련이 있고, 상황에 직접적으로 연루된 사람들에게만

교회가 귀찮아!

겸손과 사랑의 태도로 이야기해야 한다. 우리는 반드시 중상모략과 비방을 삼가야 하고, 교회의 몸과 불화를 일으킨 사람을 완전한 연합으로 회복시키고자 노력해야 한다. 우리는 권징의 목적이 교회의 몸의 평안과 연합을 유지하는 것이라는 사실을 반드시 기억해야 한다. 우리는 오래 참아야 하고 다른 사람들과 다투어서는 안 된다. 모든 일은 반드시 겸손의 모양으로 행해져야 하고 사랑에서 시작되어야 한다.

10. 교회를 떠나지 않도록 최선을 다하라

그렇다. 나는 사람들이 언제나 아주 사소한 이유들로 교회를 떠난다는 것을 알고 있다. 더 이상 그리스도인들은 성령님께서 하나 되게 하신 연합을 힘써 지키고자 하지 않고 그들의 차이를 해결하려고 하지 않는다. 일단 그들의 감정들이 상하게 되면, 머지않아 그들은 배를 포기할 이유를 찾는다. 하지만 만약 교회의 회중이 우리의 기쁨과 시련과 슬픔을 서로 공유하는 영적인 가족과의 연합을 포함한다면, 이러한 가족을 떠나는 것은 잠재적으로 교회의 몸에 상처를 내는 것이다. 만약 우리의 그리스도인 형제들과 우리의 연합이 그리스도와 우리의 연합과 관계가 있다면, 우리는 반드시 그 연합을 지키기 위해 할 수 있는 모든 것을 해야 한다.

첫째, 교회의 회중 모두와 화해를 하기 위해 최선을 다해 보지 않은 채 교회를 떠나는 것은 성경과 일치하지 않는다. 상한 감정이 교회를 떠날 타당한 이유는 아니다. 성경이 우리에게 용서를 명령하고 만약 필요시, 권징의 단계를 충실히 따라야 할 경우도, 우리가 교회를 떠날 타당한 이유는 아니다. 화해를 모색하지 않은 채 교회를 떠나는 것은 하나의 죄다.

둘째로, 아무런 알림 또는 설명 없이 교회를 떠나는 것은 성경적이지 않다. 조용하게 교회를 떠나는 것은 쉽게 교회를 떠나는 방법처럼 보이지만, 이것은 교회의 연합에 분열을 가져오는 방법이다. 당신 곁에 있는 가까운 친구가 아무런 설명도 없이 당신과 이야기하기를 거부한다면 기분이 어떻겠는가? 이것이 마음을 상하지 않게 하겠는가? 아무런 설명도 없이 우정을 저버리는 것이 매몰차며 불쾌한 것이라면, 그리스도인의 교제를 지키기 위해 당신이 할 수 있는 것들을 해보려는 노력조차 하지 않은 채, 하나님의 백성들이 모인 교회를 떠나는 것은 얼마나 더 상처가 되는 것이겠는가?

만약 우리가 성령님께서 하나 되게 하신 교회의 연합을 지키려고 최선을 다해 싸우지 않은 채 교회를 떠난다면, 우리는 하나님께서 우리에게 주신 명령을 따르지 않은 것이다. 만약 우리가 선한 양심으로 교회의 한 지체로 더 이상 남을 수 없을 때, 그리고 만약 우리가 이미 겸손한 태도로 교회의 사역자들과 함께 우리의 걱정들을 해결하고자 노력을 했지만 아무런 소용이 없었을 때, 교회를 떠나는 것이 허용될지도 모르지만, 이러한 경우에도 우리는 좋은 모습으로, 교회의 복을 빌면서 떠날 수 있도록 노력해야 한다. 교회를 떠나는 것은 반드시 겸손하고, 조급하지 않고, 충분한 슬픔을 가지고서 행해져야 한다.

결국, 우리는 반드시 그리스도께서 그의 피로 이루신 교회의 귀중한 연합을 발전시키고, 지킬 수 있도록 힘써 노력해야 한다.

교회가 귀찮아

초판 인쇄	2020년 8월 10일
초판 발행	2020년 8월 11일
지 은 이	제프리 존슨
옮 긴 이	김소영
펴 낸 이	김홍범
교정교열	고운석
펴 낸 곳	제5열람실(등록 2016. 11. 9. 제 367-2016-000037)
주 소	대전시 유성구 반석서로 71번길 7 302호
전 화	(042) 825-1405
팩 스	(042) 825-1403
홈페이지	www. noeunsola.com
페이스북	www. facebook.com/the5threadingroom
인 쇄 소	영진문원
I S B N	979-11-963679-6-1 (03230)

판권 ⓒ 제5열람실 2018, Printed in Korea.

이 도서의 국립중앙도서관 출판예정도서목록(CIP)은 서지정보유통지원시스템 홈페이지
(http://seoji.nl.go.kr)와 국가자료공동목록시스템(http://www.nl.go.kr/kolisnet)에서 이용
하실 수 있습니다.(CIP제어번호: CIPCIP2020029488)